SUDOKU

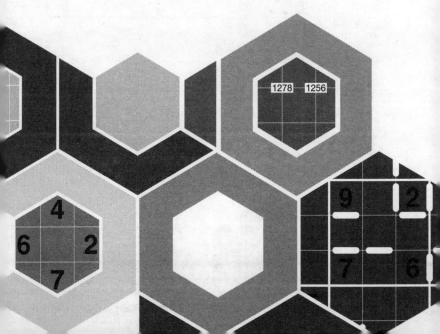

Published in 2023 by Welbeck
An imprint of Welbeck Non-Fiction Limited
part of Welbeck Publishing Group
Offices in: London – 20 Mortimer Street, London W1T 3JW
& Sydney – 205 Commonwealth Street, Surry Hills 2010
www.welbeckpublishing.com

Puzzles and Design © 2022 Welbeck Non-Fiction,
part of Welbeck Publishing Group

Editorial: Tall Tree Limited
Design: Tall Tree Limited and Eliana Holder

A CIP catalogue for this book is available from the British
Library.

ISBN: 978-1-80279-671-1

Printed in the United Kingdom

10 9 8 7 6 5 4 3 2 1

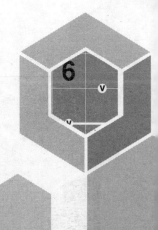

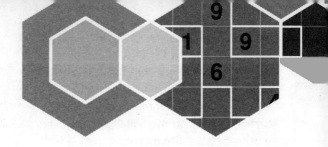

SUDOKU

More than 200 tricky puzzles to put
your reasoning to the test

Dr Gareth Moore

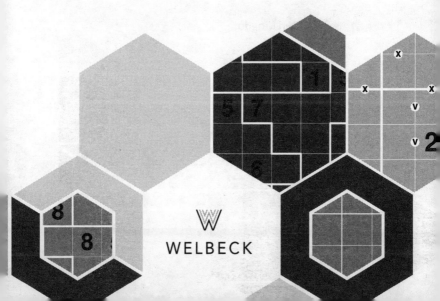

WELBECK

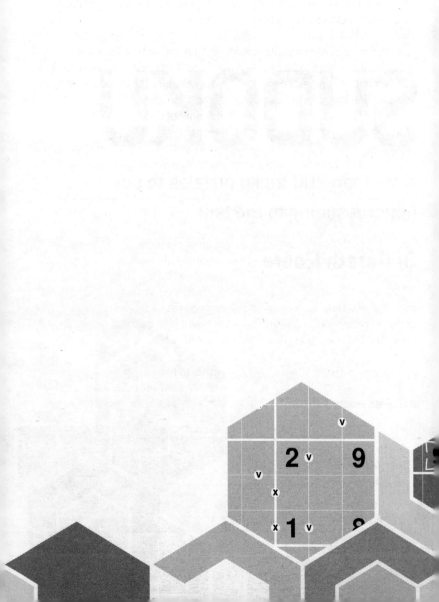

INTRODUCTION

Welcome to this challenging sudoku collection, packed from cover to cover with more than 201 puzzles, including 60 variant types of sudoku to force you outside your usual comfort zone!

All of the puzzles obey the standard sudoku rules, so to solve each puzzle you will need to place a digit from 1 to 9 into every empty square so that no digit is repeated within any row, column or bold-lined region. The bold-lined regions are usually 3×3 boxes, except in the Jigsaw variant puzzles where they take on all manner of creative shapes – although always containing nine squares per region. Then, in the Consecutive, Quad, Quad-max, Worm and XV variants, there are extra elements added to each puzzle which further constrain the placement of digits in new and ingenious ways. Full instructions are provided each time a type of puzzle is introduced, along with an example solved puzzle so you can see exactly how it works.

The 141 regular puzzles are arranged in order of increasing difficulty throughout the book, so those at the beginning are the easiest while those at the back of the book are the most challenging. You'll no doubt find some of the variant types easier than others, but as a tip then do make sure to check if there is an 'inverse' constraint for the type you are tackling, where the absence of an element also tells you something important about certain squares in the puzzle.

Best of luck with the sudoku, and remember to have fun!

Dr Gareth Moore, London

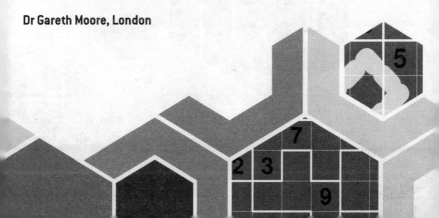

SUDOKU

INSTRUCTIONS

Place a digit from 1 to 9 into each empty square so that no digit repeats in any row, column or bold-lined 3×3 box.

EXAMPLE

	6	8				7		
			1					
9				5				6
			8		1			3
		4				8		
2			4		9			
6				3				5
					4			
		9				2	1	

SOLUTION

1	6	8	3	4	2	7	5	9
4	5	7	1	9	6	3	2	8
9	3	2	7	5	8	1	4	6
5	9	6	8	2	1	4	7	3
7	1	4	5	6	3	8	9	2
2	8	3	4	7	9	5	6	1
6	4	1	2	3	7	9	8	5
8	2	5	9	1	4	6	3	7
3	7	9	6	8	5	2	1	4

	2			8	1	9		
					6	7		3
9	3		4					
5	8		6		9	2		
3								6
		9	8		3		5	7
					2		8	9
6		2	1					
		7	9	4			6	

SOLUTION SEE PAGE 222

	9						1	
1			9	5	6			3
		2	1		4	9		
	5	7				3	8	
	3			7			2	
	8	6				1	5	
		9	3		5	7		
6			7	8	1			4
	4						3	

SOLUTION SEE PAGE 222

		9				2		
	2		6		5		7	
3			9	2	8			4
	4	6		5		3	2	
		2	3		1	8		
	1	3		7		6	5	
1			5	8	2			6
	9		7		6		3	
		5				4		

SOLUTION SEE PAGE 222

			8	4	7			
		8		2		7		
	7		1		5		2	
5		6	4		2	1		9
9	8						6	5
4		7	6		9	8		2
	9		5		1		4	
		5		9		3		
			3	6	8			

SOLUTION SEE PAGE 223

5				4				2
		6				3		
	3		2		9		7	
		5	4	8	1	2		
2			7		3			4
		9	6	2	5	7		
	1		9		7		5	
		4				1		
8				6				7

SOLUTION SEE PAGE 223

	8	1			3			
		9	6	2				8
		5			1	4	2	9
5		4					8	
	1						3	
	2					7		1
8	9	2	5			1		
7				1	2	9		
			4			8	7	

SOLUTION SEE PAGE 223

6				7				3
	1		8		4		5	
		3	9		2	1		
	5	2				3	4	
9								1
	8	1				9	6	
		5	2		6	8		
	2		7		1		3	
1				8				9

SOLUTION SEE PAGE 224

5			3				2	1
3		1	8					
				4	5		3	
		9	7		1		6	5
		2				7		
6	7		5		4	9		
	1		4	3				
					8	4		6
7	2				6			3

SOLUTION SEE PAGE 224

	9		5		2		8	
5		2				9		6
	4			9			7	
6				5				4
		5	3		1	6		
4				2				1
	6			3			5	
1		4				7		9
	5		6		9		4	

SOLUTION SEE PAGE 224

5	3			1			9	2
4			5		6			7
		9				5		
	2			4			6	
8			6		2			3
	9			7			1	
		7				8		
2			9		1			4
1	4			8			5	9

SOLUTION SEE PAGE 225

1			9		6			3
		7				5		
		5	3		2	1		
	8			3			2	
7								8
	9			4			5	
		4	8		9	7		
		2				6		
5			7		3			2

SOLUTION SEE PAGE 225

9		8						4
		3	2	1				
			8				3	9
			7		5	1	2	
	3			9			5	
	1	5	4		6			
5	8				4			
				6	2	8		
4						5		3

SOLUTION SEE PAGE 225

7			3		5			8
			9	4	7			
		5		2		4		
6	1						4	3
	5	2				6	8	
3	7						5	2
		7		1		8		
			5	3	8			
1			4		6			9

SOLUTION SEE PAGE 226

		5	7		6	8		
	9			4			6	
8		7				4		9
5				6				8
	3		2		8		9	
7				3				6
6		1				9		4
	5			8			7	
		4	6		7	5		

SOLUTION SEE PAGE 226

	9	1			3	7		
					8	6		1
2	6			7	1			8
3	2	9						
		5				1		
						9	2	5
5			8	2			1	4
9		4	3					
		2	7			8	6	

SOLUTION SEE PAGE 226

		7				3		
		5	6		9	7		
8	9						5	2
	3		4	7	6		1	
			3		1			
	8		9	2	5		7	
1	4						2	7
		8	5		7	1		
		6				8		

SOLUTION SEE PAGE 227

		2		7	4			
	1				3		8	
		8				5		9
6	9			3				
2			9		1			3
				5			4	6
1		3				7		
	7		2				6	
			3	8		4		

SOLUTION SEE PAGE 227

		7	6		8	4		
		3				6		
4	1			2			8	5
6			1		2			4
		2				8		
7			8		4			3
8	6			7			3	2
		4				5		
		5	2		3	1		

SOLUTION SEE PAGE 227

8				2				4
		7				2		
	5		7	8	6		3	
		5		9		6		
2		4	5		3	8		7
		3		7		4		
	7		9	6	8		4	
		8				1		
5				4				8

SOLUTION SEE PAGE 228

2		6				7		1
8								4
	3	7				5	8	
	5		1		7		6	
		8		2		9		
6	7		4		5		1	2
			3		9			
9				4				7
			5		2			

SOLUTION SEE PAGE 228

		2	1	8	5	9		
			6		2			
4								1
6	1		3		9		4	2
5								6
2	9		7		4		1	5
9								7
			2		7			
		1	4	3	8	6		

SOLUTION SEE PAGE 228

	1		4		6		3	
7								4
		3	7		8	2		
9		4	5		1	8		2
2		7	6		3	4		9
		2	8		4	6		
1								3
	4		1		5		2	

SOLUTION SEE PAGE 229

		9		3		4		
	7		5		6		8	
6				2				3
	3		8		4		9	
7		8				5		1
	9		1		3		7	
8				4				9
	5		3		1		2	
		3		8		1		

SOLUTION SEE PAGE 229

5								8
		8				2		
	3		8	7	2		9	
		6	7		3	1		
		7		6		4		
		4	5		1	9		
	7		1	5	6		2	
		2				7		
9								6

SOLUTION SEE PAGE 229

	1		2		6		4	
3			4		5			1
		4		1		5		
8	4						5	2
		2				7		
6	7						1	3
		6		8		1		
5			1		7			4
	9		6		2		3	

SOLUTION SEE PAGE 230

		3	7		9	4		
8	2		4		3		5	1
7		5				1		3
	8		9		1		6	
6		4				9		2
9	7		2		4		1	5
		8	5		6	3		

SOLUTION SEE PAGE 230

7		3				5		6
			7	9	5			
5								8
	3			7			6	
	9		6		8		2	
	2			1			3	
9								2
			4	8	1			
6		1				4		3

SOLUTION SEE PAGE 230

8				7				4
		5	6	9	4	8		
	3						2	
	5						7	
6	4			3			8	9
	9						1	
	1						9	
		3	9	4	2	1		
7				1				5

SOLUTION SEE PAGE 231

9				4				8
		8	3		1	4		
	3			6			7	
	9		4		2		8	
7		2				1		4
	4		7		9		6	
	2			3			5	
		3	9		5	8		
4				2				3

SOLUTION SEE PAGE 231

	3			1			8	
7			4		5			3
		4	8		9	6		
	1	3				4	5	
2								8
	8	7				1	3	
		2	1		3	5		
9			5		4			1
	5			7			4	

SOLUTION SEE PAGE 231

	3		5		6		2	
6				8				7
		4	9		7	6		
2		5				7		3
	7						6	
9		6				5		8
		7	1		4	3		
5				6				4
	1		7		5		9	

SOLUTION SEE PAGE 232

4	8			2			5	
		6			4		1	
3					1			2
7		5	9				8	
	1						9	
	6				3	1		7
8			1					9
	9		8			2		
	3			9			4	5

SOLUTION SEE PAGE 232

4		9				6	7	5
2					8	1		
1	5							9
	6		3		7			
			8		1		2	
9							1	3
		5	9					7
3	1	7				9		2

SOLUTION SEE PAGE 232

		6		9		8		
			3	1	6			
4								6
	4		5	3	8		1	
5	2		9		1		4	8
	8		4	2	7		3	
9								5
			6	8	3			
		7		5		4		

SOLUTION SEE PAGE 233

	4			1			2	
6			5		2			7
		1	3		9	5		
	6	2				1	8	
5								4
	8	7				6	9	
		6	4		5	8		
2			8		3			1
	9			6			5	

SOLUTION SEE PAGE 233

4								8
	9			2			5	
	6		3		9		1	
		9	5		8	6		
6								1
		3	7		6	4		
	7		4		5		8	
	8			7			2	
9								3

SOLUTION SEE PAGE 233

	8		3		9		2	
7								9
			7	4	2			
1		8				7		5
		2		3		8		
3		5				2		6
			6	2	8			
8								2
	3		5		4		1	

SOLUTION SEE PAGE 234

		7			9		3	
8		3		7	1	9		
	1						7	6
7	8			1				
	2		7		6		1	
				3			8	7
6	7						9	
		1	2	9		5		8
	9		4			7		

SOLUTION SEE PAGE 234

			1				4	
7	8						9	
		4	5	8		2		
			6		4	5		2
		3				7		
1		2	3		5			
		1		6	8	3		
	7						2	6
	6				1			

SOLUTION SEE PAGE 234

2		7			1		5	9
4				9				
					3			7
7		4		3				
	1		9		5		2	
				1		5		3
8			1					
				4				2
1	7		2			8		4

SOLUTION SEE PAGE 235

2					9	4		
3							8	6
		7		4				
	4	2	6	1		8		
		6		3	5	1	4	
				6		5		
6	9							4
		8	4					3

SOLUTION SEE PAGE 235

1		3				6		4
				7				
9			5		4			7
		4	9		5	8		
	6						3	
		1	7		3	4		
5			2		6			3
				8				
2		9				1		8

SOLUTION SEE PAGE 235

9				4				8
	3			6			2	
			1		8			
		9	7		6	3		
2	7						8	5
		8	3		2	7		
			8		5			
	5			2			7	
7				1				6

SOLUTION SEE PAGE 236

	2				5	9	6	
	3		2		8			
4				6	3			
	6	7				2		9
		9				6		
1		2				8	7	
			3	2				6
			8		9		1	
	7	3	6				9	

SOLUTION SEE PAGE 236

7				3				9
		2				5		
	3		1		8		7	
		1	7		9	3		
6								4
		3	4		6	8		
	9		5		2		8	
		8				1		
1				4				5

SOLUTION SEE PAGE 236

	3			1		6		
				4	6	9		3
8	5							
	6			7				
4	2		1		3		9	8
				5			6	
							5	9
3		1	4	9				
		9		8			3	

SOLUTION SEE PAGE 237

			6		8			
	8	2				4	6	
	5			2			9	
6			9		5			8
		9				1		
8			3		1			6
	3			8			7	
	9	8				3	5	
			4		3			

SOLUTION SEE PAGE 237

4			3	6	5			2
		2				8		
	5			8			1	
7								1
1		3		2		9		7
2								5
	2			3			4	
		6				2		
8			6	4	2			9

SOLUTION SEE PAGE 237

8			2		4			1
		2				6		
	6			3			9	
2				7				4
		3	1		9	8		
9				5				7
	7			2			8	
		4				1		
5			9		7			6

SOLUTION SEE PAGE 238

8								
	9				6		3	
	4				9	1		
			8		1			6
6		4				5		1
2			5		7			
		5	4				9	
	1		2				7	
								3

SOLUTION SEE PAGE 238

	2						6	
3				9				4
			3	4	1			
		7		1		8		
	6	1	7		4	3	5	
		9		6		2		
			4	7	2			
9				3				8
	4						3	

SOLUTION SEE PAGE 238

		9	6	1				
				8		6		
	7	6			4	1		8
		2						4
6	3						5	2
1						9		
4		8	3			7	6	
		7		4				
			5	8	2			

SOLUTION SEE PAGE 239

		9		2		1		
8								2
1	3						8	9
		8	3		5	6		
9				1				3
		6	9		4	7		
6	5						1	4
2								7
		4		3		5		

SOLUTION SEE PAGE 239

	1		6	7	2		5	
7	4						2	1
1			8		9			5
8								9
9			1		7			4
2	8						1	6
	6		5	3	8		7	

SOLUTION SEE PAGE 239

8		7				6		5
	4				6			1
			5	7				
3	2		9		8			
			7		1		8	2
				1	4			
6			2				3	
4		3				5		8

SOLUTION SEE PAGE 240

9				6				1
		8				3		
	2		1		7		9	
		1	9		6	7		
6								2
		2	8		1	5		
	1		7		2		5	
		3				9		
8				5				6

SOLUTION SEE PAGE 240

	6	2	5					
			3					7
		3		7	6	9		4
		5					6	8
		1				2		
2	8					5		
5		7	1	6		8		
1					9			
					5	1	4	

SOLUTION SEE PAGE 240

4						1		8
	2	6		3			4	
8			4				7	
				4		7		
	6		7		2		8	
		7		8				
	5				8			6
	4			1		2	3	
3		9						1

SOLUTION SEE PAGE 241

		7	9	6	3	2		
	2						3	
6								1
1			7		8			2
3								4
2			6		4			3
8								7
	4						6	
		9	2	4	6	8		

SOLUTION SEE PAGE 241

1		9					8	3
4			5			9		
	8				2			6
		7		1			5	
			2		8			
	5			6		1		
3			8				9	
		1			5			8
7	9					3		5

SOLUTION SEE PAGE 241

		2		6		3		
		7				5		
6	9						7	2
			4	2	6			
1			8		7			6
			1	9	3			
4	6						3	9
		9				6		
		3		8		7		

SOLUTION SEE PAGE 242

		6	2		4	1		
3			8		6			7
2		9		5		7		4
			6		9			
6		3		1		8		9
1			7		5			8
		2	1		3	9		

SOLUTION SEE PAGE 242

		2		1	9			
	4							8
		5			7	3		
	5	7			6			
1	9						4	5
			9			1	8	
		1	7			2		
3							5	
			3	9		7		

SOLUTION SEE PAGE 242

1								9
	7			5	2	4	6	
	4		9	6				
	5					1		
	8	1				6	3	
		3					2	
				3	1		4	
	1	8	6	2			7	
7								2

SOLUTION SEE PAGE 243

				1				
		7	4		9	3		
	1		2		6		5	
	2	1	6		7	4	9	
7								2
	8	9	3		1	5	7	
	5		7		2		1	
		8	5		4	2		
				6				

SOLUTION SEE PAGE 243

			2		3			
	6		1		4		5	
		3		8		4		
7	5						9	3
		9		7		1		
2	1						6	8
		1		2		9		
	4		9		5		8	
			4		8			

SOLUTION SEE PAGE 243

			9		8			
		4		7		8		
	3	1	5		4	7	6	
1		2				6		5
	7						9	
4		6				3		7
	1	9	6		2	5	7	
		7		8		9		
			7		1			

SOLUTION SEE PAGE 244

					3			6
		8	9		7			
2		6						1
5				2			8	
	3						2	
	8			5				4
1						4		8
			4		6	3		
7			5					

SOLUTION SEE PAGE 244

1					5		6	2
9					3	4		
	7		8					
2	9		1		8	3		
		6	5		2		9	8
					9		4	
		4	7					9
8	6		2					7

SOLUTION SEE PAGE 244

2	8		4					1
	1						3	4
		9	1			7		
			5		1	3		6
4		3	7		2			
		7			4	6		
5	6						8	
8					6		7	2

SOLUTION SEE PAGE 245

6	7		8		3	2		
	3		7					
	1						6	
7				3				
	5	9				6	7	
				5				3
	2						9	
					8		5	
		8	6		5		3	4

SOLUTION SEE PAGE 245

					2	7		
3		8					9	
			6	1				
			3	8			4	6
1								2
6	5			9	7			
				7	5			
	9					1		8
		6	1					

SOLUTION SEE PAGE 245

2							9	6
1		4	7	8				
3							8	
4		5	9					
					5	2		3
	3							5
			1	3	7			8
6	8							9

SOLUTION SEE PAGE 246

1			3		2			8
		7	9		6	1		
	2			1			9	
9	4						6	1
		8				3		
2	1						8	9
	7			2			5	
		2	7		5	9		
5			6		8			4

SOLUTION SEE PAGE 246

			6		9			
	1	9		3		8	4	
	3			2			9	
7				9				3
	6	3	2		5	7	8	
4				7				1
	7			5			3	
	4	8		6		1	5	
			8		3			

SOLUTION SEE PAGE 246

		8	7		1	4		
	9			4			6	
1								2
5			6		4			7
	3						2	
6			1		9			8
9								4
	7			1			5	
		2	9		6	1		

SOLUTION SEE PAGE 247

			3		6			
	1	4		2		7	9	
2		3		1		6		4
		8				9		
4								6
		1				8		
9		2		5		4		7
	4	6		8		5	1	
			4		7			

SOLUTION SEE PAGE 247

4				8			6	3
9				2		4		
	2				1			
		9	6		2			
8	7						2	5
			8		4	3		
			5				3	
		5		4				6
2	6			1				7

SOLUTION SEE PAGE 247

9			7		2			6
8	3			6			1	5
		8	1	9	4	5		
2	4						6	3
		5	6	2	3	8		
5	9			7			2	8
6			2		5			4

SOLUTION SEE PAGE 248

			7		9			
		8	3		2	9		
	3	9		5		7	2	
2	7						5	6
		4				1		
9	5						7	8
	9	2		3		6	1	
		5	2		6	3		
			4		1			

SOLUTION SEE PAGE 248

		5				4		
			6		3	1	5	
		1			9		2	
							7	
7			8	5	2			6
	8							
	1		3			8		
	4	6	2		8			
		3				2		

SOLUTION SEE PAGE 248

	4				7			
			3	2			4	
	6	9				5		2
				3		1		9
2		7		8				
4		1				3	6	
	9			4	8			
			1				8	

SOLUTION SEE PAGE 249

3	8						2	7
		2	7	9	4	5		
		6	2		5	8		
		7	9		1	3		
		3	8	6	2	7		
9	6						3	1

SOLUTION SEE PAGE 249

5			2		4		1	
	1				9			
	3					9		5
			8			3		
8			3		1			7
		1			5			
4		2					3	
			5				2	
	5		6		2			4

SOLUTION SEE PAGE 249

		5	8	6			4	
6			7					2
			9					
4		6					5	
		7				2		
	3					9		7
					1			
9					7			1
	2			3	6	5		

SOLUTION SEE PAGE 250

1	5			7			8	
								7
			1		6		5	
5	3		4					
		8	2		3	5		
				9			2	8
	9		3		2			
8								
	1			4			7	5

SOLUTION SEE PAGE 250

1				3				9
	3	2				8	6	
	6	9				4	5	
			3	5	9			
9			2		7			4
			4	8	1			
	1	5				2	4	
	7	8				6	9	
2				4				7

SOLUTION SEE PAGE 250

6			3		9			1
		9				4		
	8		2		7		9	
5		1	7		6	9		3
3		8	1		5	2		6
	3		5		4		6	
		4				5		
8			9		1			4

SOLUTION SEE PAGE 251

9			6		3			7
			4		1			
		1		8		5		
1	8						3	9
		3				7		
7	9						2	5
		7		4		3		
			8		6			
4			3		9			2

SOLUTION SEE PAGE 251

	5			4			2	
			2		3			
		9		8		7		
	4		6		7		8	
	9						7	
		6				5		
8	2						4	9
			4		5			
	7						6	

SOLUTION SEE PAGE 251

2								5
	8	9				7	1	
	6	5				8	3	
6			8		4			9
	1			2			8	
5			6		3			1
	5	7				4	9	
	2	3				1	7	
9								3

SOLUTION SEE PAGE 252

2				7				4
	5		1		9		2	
			5		2			
	1	2				3	6	
5								2
	7	8				9	4	
			7		8			
	6		4		3		9	
3				2				7

SOLUTION SEE PAGE 252

	9			4			3	
		3	6		7	2		
6	5						1	9
			4		6			
7				1				3
			8		9			
3	2						7	6
		8	9		3	5		
	1			2			9	

SOLUTION SEE PAGE 252

					2	7		
		5	3					
4			7	9			5	
2				5		9	7	
		7	9		8	1		
	8	1		2				4
	9			6	1			5
					5	4		
		3	4					

SOLUTION SEE PAGE 253

			4	3				7
			8			3		6
					9	5	1	
		4				8		1
	1						4	
6		8				2		
	8	3	9					
2		7			8			
4				6	7			

SOLUTION SEE PAGE 253

		1	3					
					4			3
		2		9			6	
3		5		2				
			8		3			
				6		9		2
	6			1		7		
8			6					
					9	5		

SOLUTION SEE PAGE 253

	4		3		2		5	
2	1						3	6
		3				2		
3				6				8
			2	1	3			
7				5				4
		6				7		
5	7						8	3
	9		5		7		4	

SOLUTION SEE PAGE 254

	8						4	
7		6				2		9
	2	5		4		7	3	
			7	1	2			
		1	4		5	9		
			3	9	8			
	1	7		2		3	9	
6		9				8		2
	5						7	

SOLUTION SEE PAGE 254

1		9	7		6	5		8
	2						4	
		8	9	5	4	3		
	3						7	
			3		1			
3		1		4		9		5
5			6		2			3

SOLUTION SEE PAGE 254

	8						2	
		6		4		9		
		9	3		2	6		
	7	5		9		4	8	
1								2
			2		5			
		8				3		
	3		1		8		6	

SOLUTION SEE PAGE 255

5						8	2	
	1			8				
		8			3	4		
		5			2			
8	4						5	9
			1			7		
		7	4			3		
				3			9	
	2	1						7

SOLUTION SEE PAGE 255

					8			
			5	7				1
9		3						
		4			6	9		
6		9	7		1	8		2
		5	8			7		
						6		3
8				2	4			
			9					

SOLUTION SEE PAGE 255

				8				
4			6		1			7
	3		9		4		5	
		3	8		2	1		
		5				6		
		7	5		3	2		
	2		3		8		9	
5			4		6			8
				5				

SOLUTION SEE PAGE 256

	8							
		2		4	9	6		1
	3			1	2		4	
	4	7						
	2	3				5	9	
						7	8	
	9		5	7			6	
7		6	3	9		4		
							7	

SOLUTION SEE PAGE 256

8								3
		5		4		1		
	2		1	9	3		5	
		1	8		9	3		
	7	8				5	6	
		2	5		6	9		
	6		9	1	4		3	
		3		8		6		
1								7

SOLUTION SEE PAGE 256

				5				
2	6						4	7
	3		9		4		8	
			6		1			
	2			8			7	
3				2				8
	4	1				5	9	
				1				
9								6

SOLUTION SEE PAGE 257

	9		4	3				
	5			7			1	4
					5			
		8	2		9			5
9	4						3	1
5			3		8	9		
			7					
7	6			9			4	
				5	3		7	

SOLUTION SEE PAGE 257

4								8
	1	8				7	2	
	2			6			3	
			1		3			
3				8				6
		7	3		6	4		
		2		7		9		
	3		5		8		1	

SOLUTION SEE PAGE 257

		5	1		3	9		
	3		9		8		7	
4				6				2
5	6						1	3
		8				5		
9	4						6	8
1				9				7
	5		7		2		8	
		4	8		6	3		

SOLUTION SEE PAGE 258

	5				4		3	
6	1		3				9	7
			9					
4				9		2	5	
			2		5			
	2	6		8				9
					8			
8	9				7		4	2
	3		5				6	

SOLUTION SEE PAGE 258

	7	3						
			1				7	
		5		8		6		
3			9					4
		1	2		6	7		
2					4			5
		2		7		4		
	5				8			
						1	8	

SOLUTION SEE PAGE 258

	9						2	
2				6				1
			2		9			
5		1	6		8	7		3
		6		4		8		
8		7	1		5	6		2
			4		1			
1				5				6
	8						5	

SOLUTION SEE PAGE 259

			5	2			7	
2		8				1		
	6		8				9	
						2		5
8				3				1
7		1						
	8				5		4	
		6				9		8
	9			4	8			

SOLUTION SEE PAGE 259

4			7			1		
	9			6		2	7	
7		2			1			
				9				
2			3		7			4
				5				
			1			7		5
	1	8		7			6	
		6			8			9

SOLUTION SEE PAGE 259

		8						
6				4	3		9	
						4	2	5
	5	1		2				
				6				
				1		9	3	
4	8	2						
	1		2	5				7
						6		

SOLUTION SEE PAGE 260

9			3					2
		5	4	9		3		
	1			8			4	
							8	5
	5	8				6	3	
3	9							
	7			3			1	
		9		6	2	4		
2					4			6

SOLUTION SEE PAGE 260

2		4				9		1
	3						7	
6			1		7			4
		8	6	1	2	7		
			5		4			
		2	7	8	3	5		
9			2		1			3
	1						2	
4		6				1		5

SOLUTION SEE PAGE 260

			2		6		8	
		5			7			
3				1		4		
		3			2			6
1				6				8
8			7			9		
		8		5				4
			8			5		
	5		9		1			

SOLUTION SEE PAGE 261

		6	2		8	3		
			6		3			
	5			9			2	
3	8						6	5
	2			1			3	
6	1						7	4
	4			6			8	
			5		4			
		2	1		7	9		

SOLUTION SEE PAGE 261

	1						8	
8			5		3			2
	2			1			9	
		7				1		
		9	3		2	6		
6		1		9		3		5
				4				
			7		1			

SOLUTION SEE PAGE 261

5			2		9			3
7		8					1		4
	8	7	4		3	6	2	
			8		5			
				7				
	4						7	
		1				2		
		2		9		4		

SOLUTION SEE PAGE 262

		7		8		9	1	
8								
2			1	9				8
				1		5		
6		8	7		4	3		1
		4		6				
4				3	8			9
								2
	7	9		5		8		

SOLUTION SEE PAGE 262

				1				
1		4				6		9
		5				2		
	7	2				1	9	
3			2		4			6
6	8						5	1
			9		8			
	3			7			8	

SOLUTION SEE PAGE 262

6		1		4		2		7
9				2				3
	7						9	
1								4
	9			3			5	
				8				
		8	9		4	1		
	1						7	
		6				8		

SOLUTION SEE PAGE 263

				6				
			2	7	9			
7								3
			9		8			
1								4
	2		6		4		8	
		6				8		
		4	3		5	6		
9	8						2	1

SOLUTION SEE PAGE 263

9								8
	2		7	8	3		4	
				1				
	3			4			6	
	1	2	9		6	8	5	
	8			5			2	
				6				
	4		5	9	2		7	
5								2

SOLUTION SEE PAGE 263

				1				
	2		3		7		1	
		1	5	4	8	3		
	5	3				9	7	
7		2				4		6
	1	6				2	5	
		7	9	6	1	8		
	3		8		4		9	
				5				

SOLUTION SEE PAGE 264

						7		
			4		8	1		
				7		9	3	5
7					5	2		
	8	2				3	5	
		3	7					1
6	5	7		8				
		1	2		6			
		9						

SOLUTION SEE PAGE 264

	5	3				1	9	
2								7
4			9		2			8
		6	5	4	9	8		
			2		8			
		8	6	3	1	7		
9			1		6			5
6								4
	1	5				2	7	

SOLUTION SEE PAGE 264

		1					8	
3		7		8				
			3	5				2
	7							3
		3	8		1	5		
6							9	
9				6	5			
				2		4		6
	4					2		

SOLUTION SEE PAGE 265

							7	8
	2			7				
	5		3		9			
				1		4		
9		8				3		7
		6		9				
			2		4		3	
				8			5	
6	1							

SOLUTION SEE PAGE 265

2	6			7			3	4
8								5
			9		3			
		8		5		4		
5			4		8			9
		1		6		8		
			2		7			
9								7
1	3			8			2	6

SOLUTION SEE PAGE 265

		6	4	5	1	8		
5			9		8			2
		4				5		
	8		3	7	4		1	
		2				3		
6			1		2			3
		3	8	9	6	1		

SOLUTION SEE PAGE 266

	4			6			1	
8								2
		7	1		8	6		
		8	4		5	1		
5				1				9
		6	7		2	5		
		9	2		7	3		
7								1
	8			4			5	

SOLUTION SEE PAGE 266

		8					9	
				2		6		
	2	5		3	8			
5		6				7		
			2		4			
		9				3		1
			5	6		8	2	
		2		1				
	3					1		

SOLUTION SEE PAGE 266

			1	6				
		5				8		
	9	7				6	3	
			3		6			7
2				4				8
8			9		7			
	3	8				9	4	
		4				7		
				1	4			

SOLUTION SEE PAGE 267

		9		6		1		
			2		8			
	4		9		7		3	
	1	6		5		8	2	
4								6
	9	5				3	4	
9		2				4		5
1	6						8	3
		3				2		

SOLUTION SEE PAGE 267

9			5					1
			2		1			
	7		6			2	3	
8						9		
	9	4				1	2	
		5						6
	1	8			5		9	
			4		7			
5					2			3

SOLUTION SEE PAGE 267

	7						8	
3		1	7		6	2		4
		8	9		3	5		
6			3		2			8
8			5		7			2
		6	2		1	4		
7		2	6		9	8		3
	3						2	

SOLUTION SEE PAGE 268

			3				8	
	9	1		6		4		
				5				2
8	4	5						
1								8
						6	5	3
6				4				
		8		7		1	9	
	1				2			

SOLUTION SEE PAGE 268

	6	8				7		
			1					
9				5				6
			8		1			3
		4				8		
2			4		9			
6				3				5
					4			
		9				2	1	

SOLUTION SEE PAGE 268

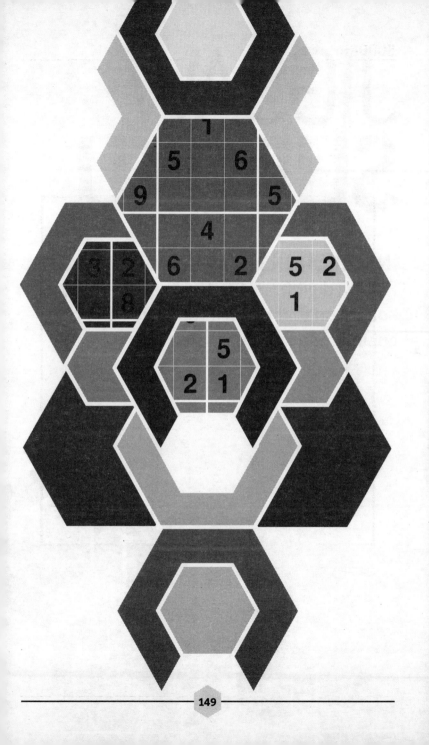

JIGSAW SUDOKU

INSTRUCTIONS

Place a digit from 1 to 9 into each empty square so that no digit repeats in any row, column or bold-lined jigsaw shape.

EXAMPLE

1	9							
	5					2		
6								
					1		6	
	7		8		6		4	
	8		2					
								9
		3					8	
							2	1

SOLUTION

1	9	4	3	8	2	6	5	7
3	5	6	7	4	9	2	1	8
6	1	8	5	2	3	7	9	4
4	2	7	9	5	1	8	6	3
9	7	2	8	1	6	3	4	5
7	8	1	2	9	5	4	3	6
2	3	5	4	6	8	1	7	9
5	6	3	1	7	4	9	8	2
8	4	9	6	3	7	5	2	1

SOLUTION SEE PAGE 269

SOLUTION SEE PAGE 269

SOLUTION SEE PAGE 269

SOLUTION SEE PAGE 270

SOLUTION SEE PAGE 270

SOLUTION SEE PAGE 270

2					1	3		
	1							
	6					1		
				1				
5	9						4	8
				4				
		2					8	
							3	
		7	9					1

SOLUTION SEE PAGE 271

	8							
		4	8					
		1	9					2
	6		7					
				2				
					7		3	
9					6	5		
					5	2		
							1	

SOLUTION SEE PAGE 271

SOLUTION SEE PAGE 271

SOLUTION SEE PAGE 271

CONSECUTIVE SUDOKU

INSTRUCTIONS

Place a digit from 1 to 9 into each empty square so that no digit repeats in any row, column or bold-lined 3×3 box. Also, all squares containing consecutive digits, such as 2 and 3 or such as 7 and 8, have been joined by a white bar. Any squares *not* separated by a white bar do not contain consecutive numbers.

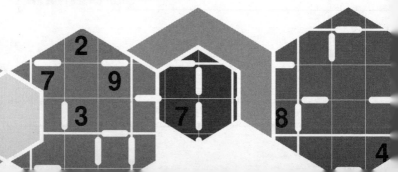

EXAMPLE

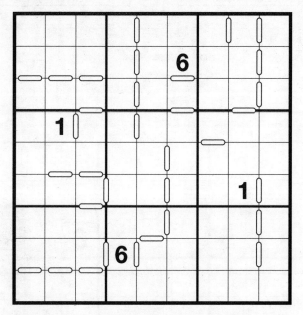

SOLUTION

2	7	1	8	9	3	6	5	4
5	9	4	2	1	6	3	7	8
6	8	3	5	4	7	9	2	1
4	1	2	7	6	8	5	3	9
7	5	9	1	3	2	4	8	6
3	6	8	9	5	4	7	1	2
1	4	7	3	8	9	2	6	5
9	2	5	6	7	1	8	4	3
8	3	6	4	2	5	1	9	7

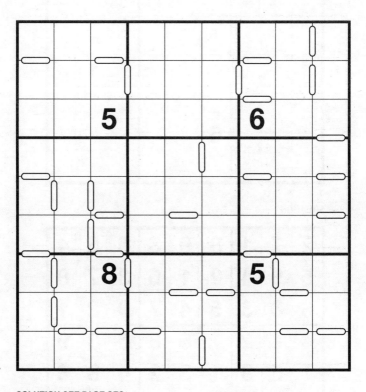

SOLUTION SEE PAGE 272

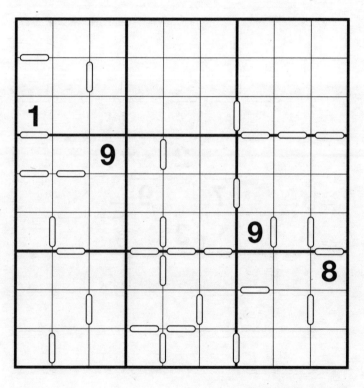

SOLUTION SEE PAGE 272

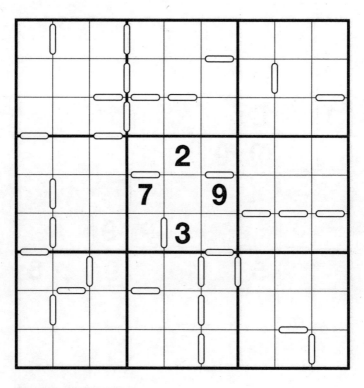

SOLUTION SEE PAGE 272

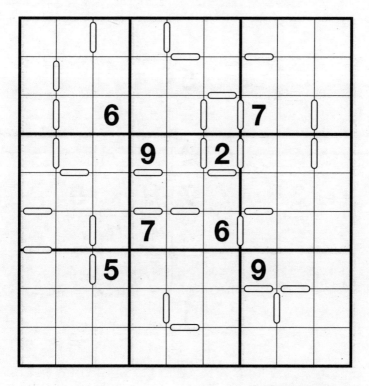

SOLUTION SEE PAGE 273

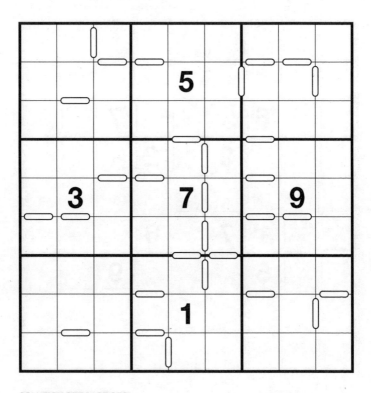

SOLUTION SEE PAGE 273

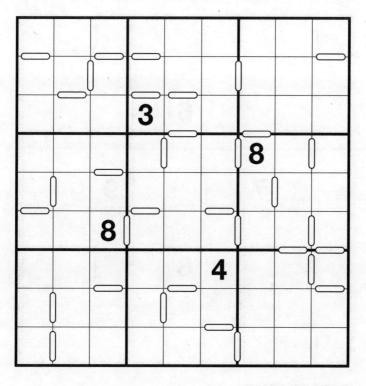

SOLUTION SEE PAGE 274

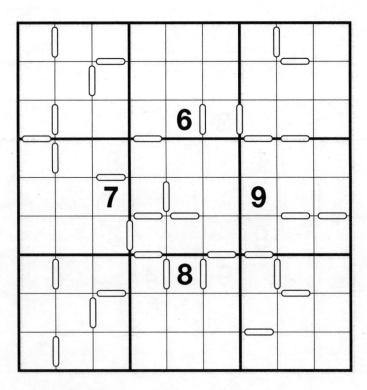

SOLUTION SEE PAGE 274

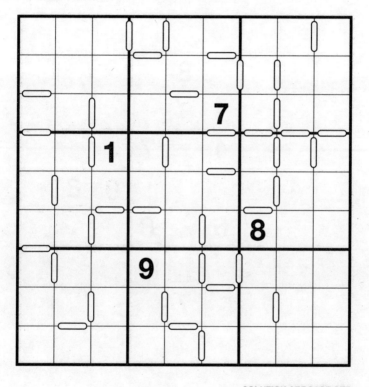

SOLUTION SEE PAGE 275

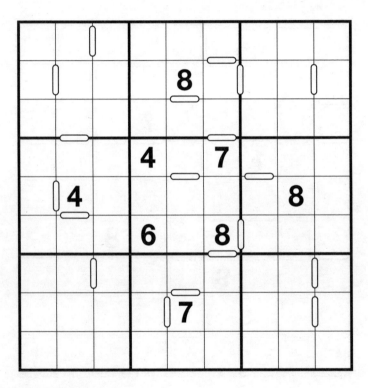

SOLUTION SEE PAGE 275

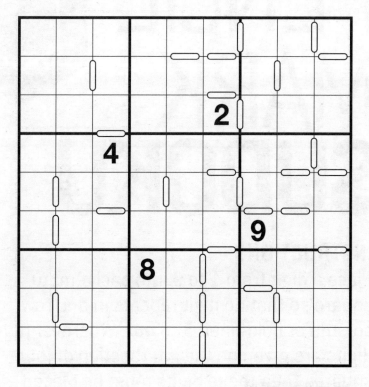

SOLUTION SEE PAGE 275

QUAD PENCIL MARK SUDOKU

INSTRUCTIONS

Place a digit from 1 to 9 into each empty square so that no digit repeats in any row, column or bold-lined 3×3 box. Wherever four digits are given on the intersection of four squares then these digits must be placed into those four squares. It is up to you to work out which digit goes into which square.

EXAMPLE

		1458			3467			
							2458	
		1378			2589	2255		
					1568			4789
		2568		3469				
								2348

SOLUTION

8	1	2	5	7	4	9	6	3
5	4	9	1	6	3	8	2	7
7	6	3	8	2	9	4	5	1
4	8	7	3	9	2	5	1	6
6	3	1	4	8	5	2	7	9
2	9	5	7	1	6	3	8	4
3	2	8	6	4	7	1	9	5
1	5	6	9	3	8	7	4	2
9	7	4	2	5	1	6	3	8

Labels in solution grid: 1458, 3467, 2458, 1378, 2589, 2255, 1568, 4789, 2568, 3469, 2348

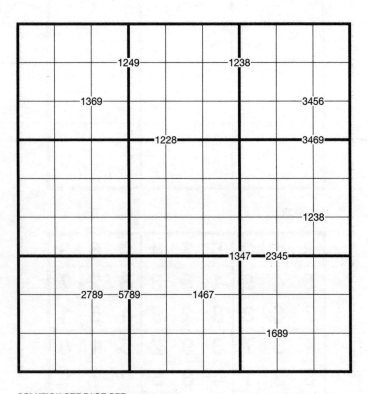

SOLUTION SEE PAGE 275

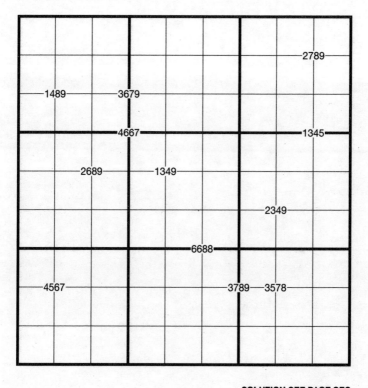

SOLUTION SEE PAGE 276

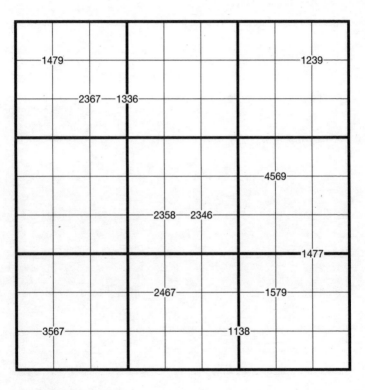

SOLUTION SEE PAGE 276

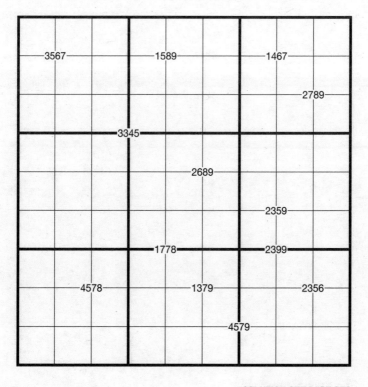

SOLUTION SEE PAGE 276

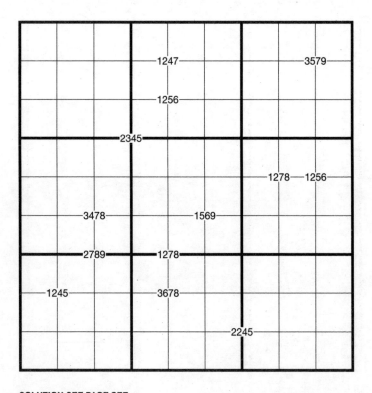

SOLUTION SEE PAGE 277

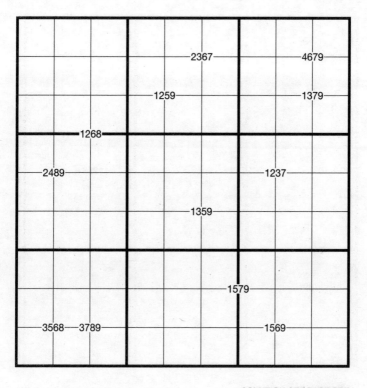

SOLUTION SEE PAGE 277

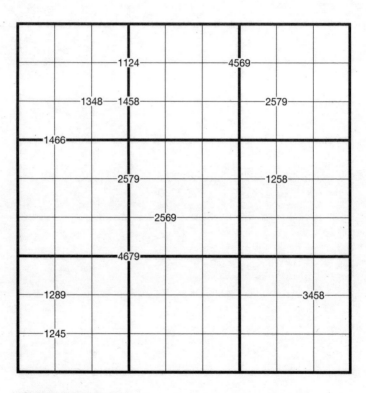

SOLUTION SEE PAGE 277

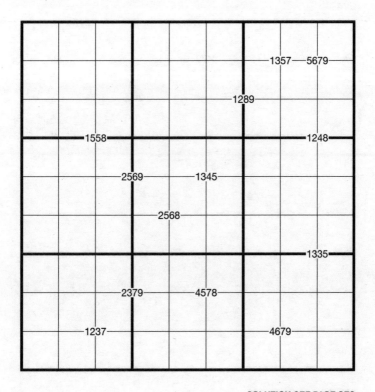

SOLUTION SEE PAGE 278

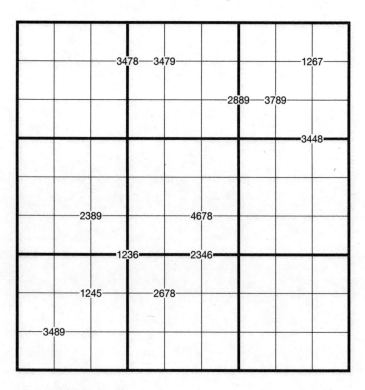

SOLUTION SEE PAGE 278

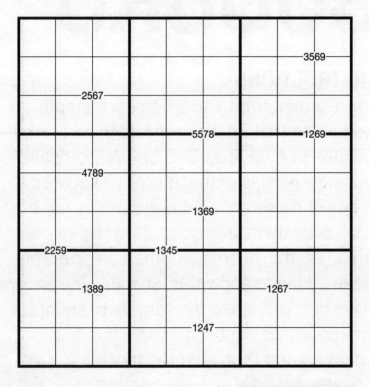

SOLUTION SEE PAGE 279

QUAD-MAX SUDOKU

INSTRUCTIONS

Place a digit from 1 to 9 into each empty square so that no digit repeats in any row, column or bold-lined 3×3 box. Also, for all possible groups of touching 2×2 squares, if one of those squares is greater in value than the other three squares in the 2×2 area (i.e. the 'quad max') then an arrow has been added to show this. Specifically, arrows have been added to the corners of squares whenever the digit in a square has a value greater than all three touching squares that the arrow is nearest to.

EXAMPLE

						5		
			3	4				
4								
							2	
	8						3	
	4							
								5
				3	5			
		3						

SOLUTION

9	1	8	6	2	7	5	4	3
5	7	2	3	4	8	6	1	9
4	3	6	5	9	1	7	8	2
6	9	5	7	8	3	1	2	4
2	8	7	1	5	4	9	3	6
3	4	1	9	6	2	8	5	7
1	2	4	8	7	9	3	6	5
8	6	9	4	3	5	2	7	1
7	5	3	2	1	6	4	9	8

	2		5		7		8	
6								2
		5				7		
7				6				9
			4		3			
3				1				4
		1				9		
2								6
	4		7		2		3	

SOLUTION SEE PAGE 279

			1		5			
	4						3	
				9				
5								2
		7				9		
2								4
				3				
	9						2	
			6		2			

SOLUTION SEE PAGE 279

	9			1			3	
2								7
			7		1			
4								3
			3		2			
7								8
	5			7			6	

SOLUTION SEE PAGE 279

7								9
			7	2	6			
	3						8	
	2						4	
	1						3	
			2	3	1			
2								1

SOLUTION SEE PAGE 280

			4		2			
		1	7	8	6	5		
			5		1			
		5	3	9	4	1		
			6		9			

SOLUTION SEE PAGE 280

	4						8	
2				1				4
		7				5		
	3			4			7	
		6				3		
4				9				2
	2						4	

SOLUTION SEE PAGE 280

6				8				4
			3		2			
	3			2			1	
4			7		6			9
	6			3			4	
			4		9			
5				7				8

SOLUTION SEE PAGE 281

	3						7	
2								3
		1		8		2		
			5		1			
		9				6		
		9			7			
	6		2		7			
9								1
	7						4	

SOLUTION SEE PAGE 281

		7		2		4		
	1						9	
	8						4	
	2						5	
		9		8		2		

SOLUTION SEE PAGE 281

SOLUTION SEE PAGE 282

SUDOKU XV

INSTRUCTIONS

Place a digit from 1 to 9 into each empty square so that no digit repeats in any row, column or bold-lined 3×3 box. Also, all pairs of adjacent squares where the sum of the digits in both squares is equal to either 5 or 10 has been marked. Adjacent squares summing to 5 (e.g. 1 and 4) are joined with a 'v', while adjacent squares summing to 10 (e.g. 3 and 7) are joined with a 'x'. *All possible* 'v's and 'x's are given, so square pairs without a 'v' or 'x' do *not* sum to either 5 or 10.

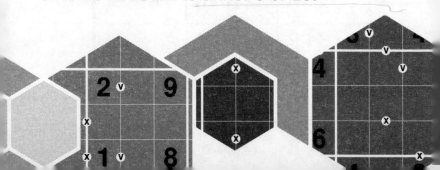

EXAMPLE

SOLUTION

SOLUTION SEE PAGE 282

SOLUTION SEE PAGE 282

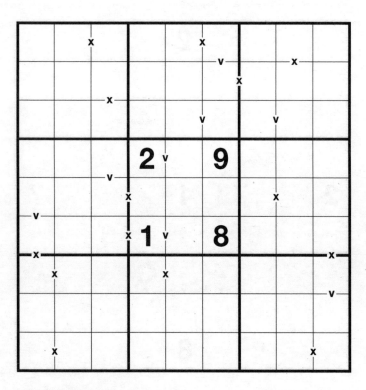

SOLUTION SEE PAGE 283

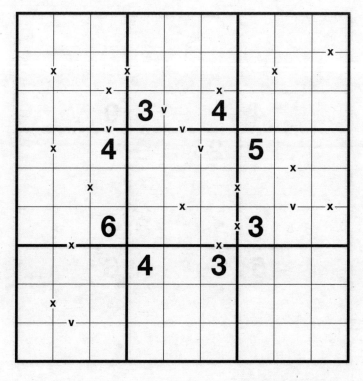

SOLUTION SEE PAGE 283

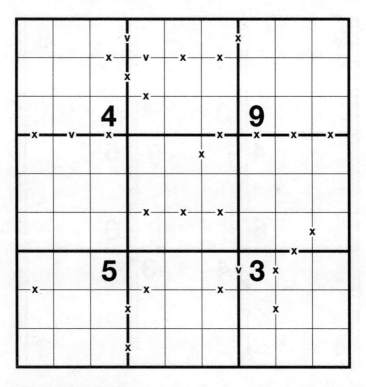

SOLUTION SEE PAGE 283

SOLUTION SEE PAGE 284

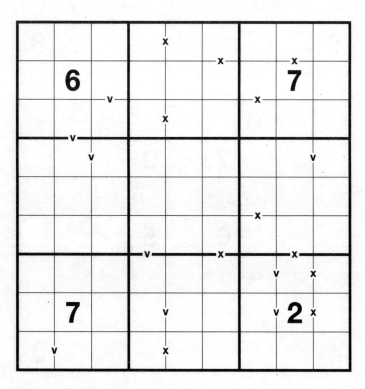

SOLUTION SEE PAGE 284

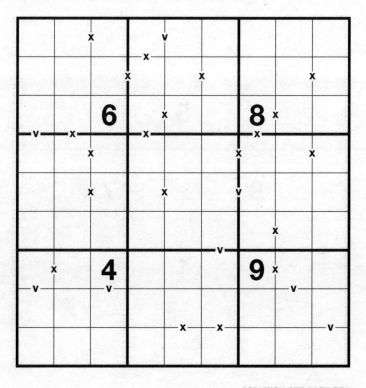

SOLUTION SEE PAGE 284

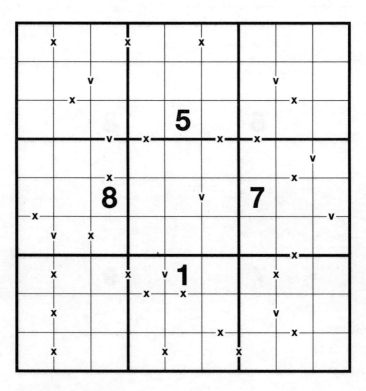

SOLUTION SEE PAGE 285

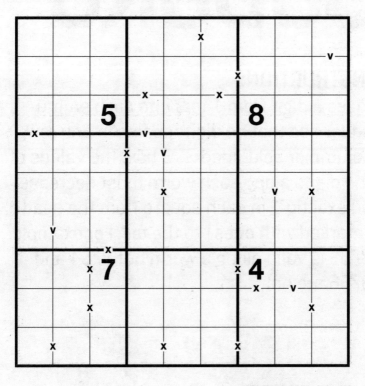

SOLUTION SEE PAGE 285

WORM SUDOKU

INSTRUCTIONS

Place a digit from 1 to 9 into each empty square so that no digit repeats in any row, column or bold-lined 3×3 box. The values of the digits along each worm must decrease by exactly 1 in each square from the head (marked with eyes) to the tail. For example, 8765 is valid along a worm but 8754 and 8766 are not.

EXAMPLE

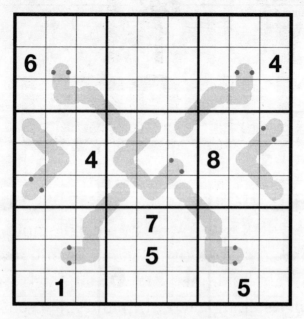

SOLUTION

7	8	1	6	2	4	5	9	3
6	5	2	3	9	7	1	8	4
9	4	3	5	1	8	6	7	2
1	9	8	2	6	5	4	3	7
5	2	4	7	3	9	8	6	1
3	6	7	4	8	1	9	2	5
4	3	5	9	7	6	2	1	8
8	7	6	1	5	2	3	4	9
2	1	9	8	4	3	7	5	6

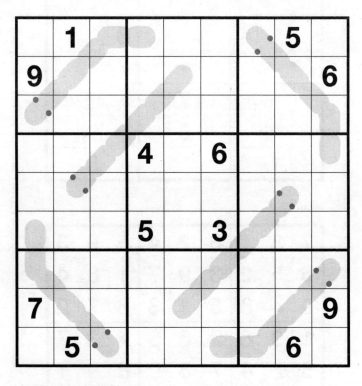

SOLUTION SEE PAGE 285

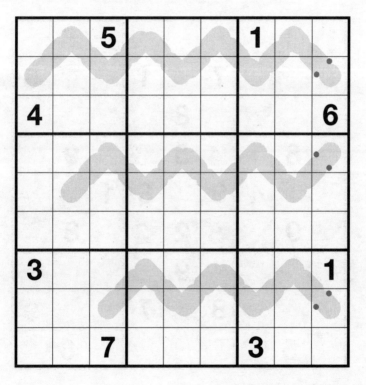

SOLUTION SEE PAGE 286

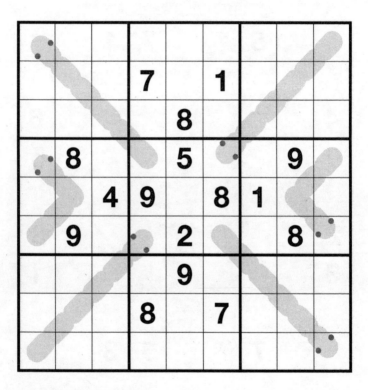

SOLUTION SEE PAGE 286

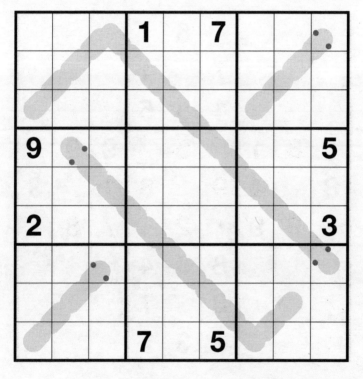

SOLUTION SEE PAGE 286

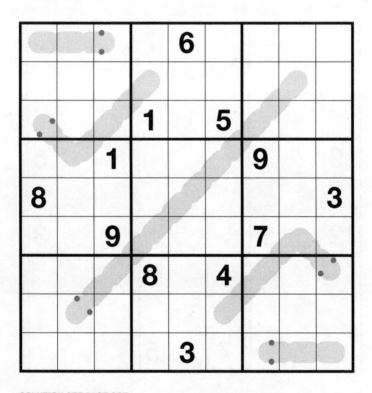

SOLUTION SEE PAGE 287

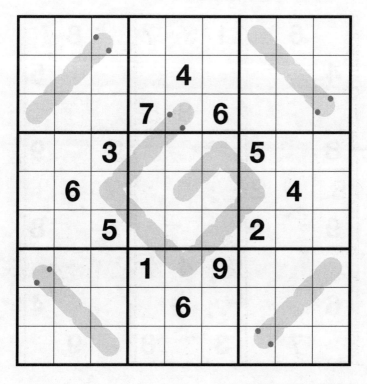

SOLUTION SEE PAGE 287

	6		1		7		8	
4								5
				8				
8								9
		2				7		
9								8
				4				
6								4
	7		3		8		9	

SOLUTION SEE PAGE 287

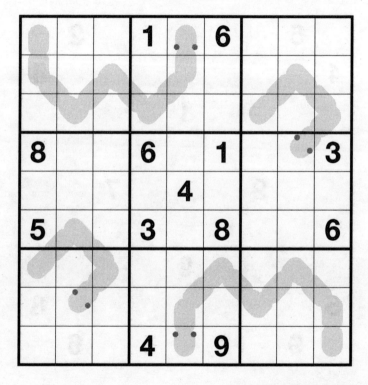

SOLUTION SEE PAGE 288

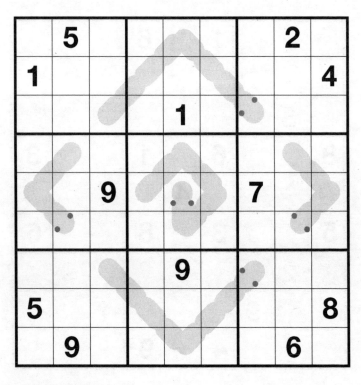

SOLUTION SEE PAGE 288

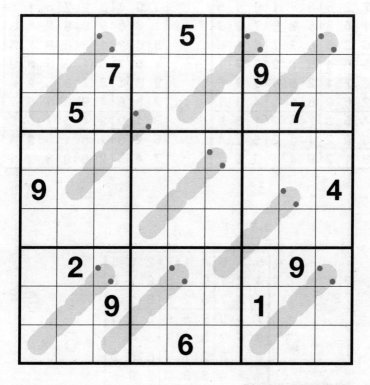

SOLUTION SEE PAGE 288

SOLUTIONS

1

7	2	6	3	8	1	9	4	5
1	4	8	5	9	6	7	2	3
9	3	5	4	2	7	6	1	8
5	8	4	6	7	9	2	3	1
3	7	1	2	5	4	8	9	6
2	6	9	8	1	3	4	5	7
4	5	3	7	6	2	1	8	9
6	9	2	1	3	8	5	7	4
8	1	7	9	4	5	3	6	2

2

3	9	4	8	2	7	6	1	5
1	7	8	9	5	6	2	4	3
5	6	2	1	3	4	9	7	8
4	5	7	6	1	2	3	8	9
9	3	1	5	7	8	4	2	6
2	8	6	4	9	3	1	5	7
8	1	9	3	4	5	7	6	2
6	2	3	7	8	1	5	9	4
7	4	5	2	6	9	8	3	1

3

5	8	9	4	1	7	2	6	3
4	2	1	6	3	5	9	7	8
3	6	7	9	2	8	5	1	4
7	4	6	8	5	9	3	2	1
9	5	2	3	6	1	8	4	7
8	1	3	2	7	4	6	5	9
1	3	4	5	8	2	7	9	6
2	9	8	7	4	6	1	3	5
6	7	5	1	9	3	4	8	2

SOLUTIONS

4

1	2	9	8	4	7	6	5	3
3	5	8	9	2	6	7	1	4
6	7	4	1	3	5	9	2	8
5	3	6	4	8	2	1	7	9
9	8	2	7	1	3	4	6	5
4	1	7	6	5	9	8	3	2
8	9	3	5	7	1	2	4	6
7	6	5	2	9	4	3	8	1
2	4	1	3	6	8	5	9	7

5

5	9	7	3	4	6	8	1	2
1	2	6	5	7	8	3	4	9
4	3	8	2	1	9	6	7	5
7	6	5	4	8	1	2	9	3
2	8	1	7	9	3	5	6	4
3	4	9	6	2	5	7	8	1
6	1	2	9	3	7	4	5	8
9	7	4	8	5	2	1	3	6
8	5	3	1	6	4	9	2	7

6

2	8	1	9	4	3	6	5	7
4	7	9	6	2	5	3	1	8
3	6	5	7	8	1	4	2	9
5	3	4	1	9	7	2	8	6
9	1	7	2	6	8	5	3	4
6	2	8	3	5	4	7	9	1
8	9	2	5	7	6	1	4	3
7	4	3	8	1	2	9	6	5
1	5	6	4	3	9	8	7	2

SOLUTIONS

7

6	4	8	1	7	5	2	9	3
2	1	9	8	3	4	7	5	6
5	7	3	9	6	2	1	8	4
7	5	2	6	1	9	3	4	8
9	3	6	4	2	8	5	7	1
4	8	1	3	5	7	9	6	2
3	9	5	2	4	6	8	1	7
8	2	4	7	9	1	6	3	5
1	6	7	5	8	3	4	2	9

8

5	4	7	3	6	9	8	2	1
3	6	1	8	7	2	5	9	4
2	9	8	1	4	5	6	3	7
4	8	9	7	2	1	3	6	5
1	5	2	6	9	3	7	4	8
6	7	3	5	8	4	9	1	2
8	1	6	4	3	7	2	5	9
9	3	5	2	1	8	4	7	6
7	2	4	9	5	6	1	8	3

9

7	9	1	5	6	2	4	8	3
5	8	2	4	7	3	9	1	6
3	4	6	1	9	8	2	7	5
6	1	3	9	5	7	8	2	4
8	2	5	3	4	1	6	9	7
4	7	9	8	2	6	5	3	1
9	6	8	7	3	4	1	5	2
1	3	4	2	8	5	7	6	9
2	5	7	6	1	9	3	4	8

SOLUTIONS

10

5	3	6	7	1	8	4	9	2
4	8	2	5	9	6	1	3	7
7	1	9	3	2	4	5	8	6
3	2	5	1	4	9	7	6	8
8	7	1	6	5	2	9	4	3
6	9	4	8	7	3	2	1	5
9	6	7	4	3	5	8	2	1
2	5	8	9	6	1	3	7	4
1	4	3	2	8	7	6	5	9

11

1	4	8	9	5	6	2	7	3
3	2	7	1	8	4	5	9	6
9	6	5	3	7	2	1	8	4
4	8	6	5	3	7	9	2	1
7	5	3	2	9	1	4	6	8
2	9	1	6	4	8	3	5	7
6	3	4	8	2	9	7	1	5
8	7	2	4	1	5	6	3	9
5	1	9	7	6	3	8	4	2

12

9	2	8	6	5	3	7	1	4
7	4	3	2	1	9	6	8	5
1	5	6	8	4	7	2	3	9
6	9	4	7	3	5	1	2	8
2	3	7	1	9	8	4	5	6
8	1	5	4	2	6	3	9	7
5	8	1	3	7	4	9	6	2
3	7	9	5	6	2	8	4	1
4	6	2	9	8	1	5	7	3

SOLUTIONS

13

7	4	1	3	6	5	2	9	8
8	2	6	9	4	7	3	1	5
9	3	5	8	2	1	4	7	6
6	1	8	7	5	2	9	4	3
4	5	2	1	9	3	6	8	7
3	7	9	6	8	4	1	5	2
5	6	7	2	1	9	8	3	4
2	9	4	5	3	8	7	6	1
1	8	3	4	7	6	5	2	9

14

3	4	5	7	9	6	8	1	2
1	9	2	8	4	5	3	6	7
8	6	7	1	2	3	4	5	9
5	2	9	4	6	1	7	3	8
4	3	6	2	7	8	1	9	5
7	1	8	5	3	9	2	4	6
6	7	1	3	5	2	9	8	4
2	5	3	9	8	4	6	7	1
9	8	4	6	1	7	5	2	3

15

8	9	1	5	6	3	7	4	2
4	5	7	2	9	8	6	3	1
2	6	3	4	7	1	5	9	8
3	2	9	1	5	7	4	8	6
6	4	5	9	8	2	1	7	3
7	1	8	6	3	4	9	2	5
5	7	6	8	2	9	3	1	4
9	8	4	3	1	6	2	5	7
1	3	2	7	4	5	8	6	9

SOLUTIONS

16

4	6	7	2	5	8	3	9	1
2	1	5	6	3	9	7	8	4
8	9	3	7	1	4	6	5	2
5	3	2	4	7	6	9	1	8
9	7	4	3	8	1	2	6	5
6	8	1	9	2	5	4	7	3
1	4	9	8	6	3	5	2	7
3	2	8	5	9	7	1	4	6
7	5	6	1	4	2	8	3	9

17

9	5	2	8	7	4	6	3	1
7	1	6	5	9	3	2	8	4
4	3	8	1	2	6	5	7	9
6	9	5	4	3	8	1	2	7
2	4	7	9	6	1	8	5	3
3	8	1	7	5	2	9	4	6
1	2	3	6	4	5	7	9	8
8	7	4	2	1	9	3	6	5
5	6	9	3	8	7	4	1	2

18

5	9	7	6	3	8	4	2	1
2	8	3	5	4	1	6	9	7
4	1	6	7	2	9	3	8	5
6	3	8	1	9	2	7	5	4
1	4	2	3	5	7	8	6	9
7	5	9	8	6	4	2	1	3
8	6	1	4	7	5	9	3	2
3	2	4	9	1	6	5	7	8
9	7	5	2	8	3	1	4	6

SOLUTIONS

19

8	9	6	3	2	1	7	5	4
1	3	7	4	5	9	2	8	6
4	5	2	7	8	6	9	3	1
7	1	5	8	9	4	6	2	3
2	6	4	5	1	3	8	9	7
9	8	3	6	7	2	4	1	5
3	7	1	9	6	8	5	4	2
6	4	8	2	3	5	1	7	9
5	2	9	1	4	7	3	6	8

20

2	4	6	9	5	8	7	3	1
8	9	5	7	3	1	6	2	4
1	3	7	2	6	4	5	8	9
3	5	2	1	9	7	4	6	8
4	1	8	6	2	3	9	7	5
6	7	9	4	8	5	3	1	2
5	8	1	3	7	9	2	4	6
9	2	3	8	4	6	1	5	7
7	6	4	5	1	2	8	9	3

21

3	6	2	1	8	5	9	7	4
1	7	9	6	4	2	5	3	8
4	8	5	9	7	3	2	6	1
6	1	7	3	5	9	8	4	2
5	3	4	8	2	1	7	9	6
2	9	8	7	6	4	3	1	5
9	2	3	5	1	6	4	8	7
8	4	6	2	9	7	1	5	3
7	5	1	4	3	8	6	2	9

SOLUTIONS

22

8	1	5	4	2	6	9	3	7
7	2	6	3	5	9	1	8	4
4	9	3	7	1	8	2	5	6
9	3	4	5	7	1	8	6	2
6	8	1	9	4	2	3	7	5
2	5	7	6	8	3	4	1	9
5	7	2	8	3	4	6	9	1
1	6	8	2	9	7	5	4	3
3	4	9	1	6	5	7	2	8

23

1	2	9	7	3	8	4	6	5
3	7	4	5	1	6	9	8	2
6	8	5	4	2	9	7	1	3
5	3	1	8	7	4	2	9	6
7	4	8	9	6	2	5	3	1
2	9	6	1	5	3	8	7	4
8	1	2	6	4	7	3	5	9
4	5	7	3	9	1	6	2	8
9	6	3	2	8	5	1	4	7

24

5	2	9	3	1	4	6	7	8
7	4	8	6	9	5	2	1	3
6	3	1	8	7	2	5	9	4
2	9	6	7	4	3	1	8	5
1	5	7	9	6	8	4	3	2
3	8	4	5	2	1	9	6	7
4	7	3	1	5	6	8	2	9
8	6	2	4	3	9	7	5	1
9	1	5	2	8	7	3	4	6

SOLUTIONS

25

9	1	5	2	7	6	3	4	8
3	8	7	4	9	5	2	6	1
2	6	4	8	1	3	5	7	9
8	4	3	7	6	1	9	5	2
1	5	2	3	4	9	7	8	6
6	7	9	5	2	8	4	1	3
7	3	6	9	8	4	1	2	5
5	2	8	1	3	7	6	9	4
4	9	1	6	5	2	8	3	7

26

1	6	3	7	5	9	4	2	8
4	5	7	1	2	8	6	3	9
8	2	9	4	6	3	7	5	1
7	9	5	6	4	2	1	8	3
3	8	2	9	7	1	5	6	4
6	1	4	3	8	5	9	7	2
9	7	6	2	3	4	8	1	5
5	3	1	8	9	7	2	4	6
2	4	8	5	1	6	3	9	7

27

7	1	3	8	4	2	5	9	6
2	6	8	7	9	5	3	4	1
5	4	9	1	6	3	2	7	8
1	3	5	2	7	9	8	6	4
4	9	7	6	3	8	1	2	5
8	2	6	5	1	4	9	3	7
9	8	4	3	5	6	7	1	2
3	7	2	4	8	1	6	5	9
6	5	1	9	2	7	4	8	3

SOLUTIONS

28

8	6	1	2	7	3	9	5	4
2	7	5	6	9	4	8	3	1
9	3	4	1	8	5	7	2	6
1	5	8	4	2	9	6	7	3
6	4	2	7	3	1	5	8	9
3	9	7	5	6	8	4	1	2
4	1	6	3	5	7	2	9	8
5	8	3	9	4	2	1	6	7
7	2	9	8	1	6	3	4	5

29

9	1	6	2	4	7	5	3	8
5	7	8	3	9	1	4	2	6
2	3	4	5	6	8	9	7	1
6	9	5	4	1	2	3	8	7
7	8	2	6	5	3	1	9	4
3	4	1	7	8	9	2	6	5
8	2	7	1	3	4	6	5	9
1	6	3	9	7	5	8	4	2
4	5	9	8	2	6	7	1	3

30

5	3	9	6	1	7	2	8	4
7	6	8	4	2	5	9	1	3
1	2	4	8	3	9	6	7	5
6	1	3	7	9	8	4	5	2
2	9	5	3	4	1	7	6	8
4	8	7	2	5	6	1	3	9
8	4	2	1	6	3	5	9	7
9	7	6	5	8	4	3	2	1
3	5	1	9	7	2	8	4	6

SOLUTIONS

31

7	3	8	5	4	6	9	2	1
6	5	9	2	8	1	4	3	7
1	2	4	9	3	7	6	8	5
2	8	5	6	1	9	7	4	3
3	7	1	4	5	8	2	6	9
9	4	6	3	7	2	5	1	8
8	6	7	1	9	4	3	5	2
5	9	2	8	6	3	1	7	4
4	1	3	7	2	5	8	9	6

32

4	8	1	6	2	9	7	5	3
5	2	6	3	7	4	9	1	8
3	7	9	5	8	1	4	6	2
7	4	5	9	1	2	3	8	6
2	1	3	7	6	8	5	9	4
9	6	8	4	5	3	1	2	7
8	5	2	1	4	7	6	3	9
6	9	4	8	3	5	2	7	1
1	3	7	2	9	6	8	4	5

33

4	8	9	1	3	2	6	7	5
2	7	6	5	9	8	1	3	4
1	5	3	7	6	4	2	8	9
5	6	1	3	2	7	4	9	8
8	3	2	6	4	9	7	5	1
7	9	4	8	5	1	3	2	6
9	4	8	2	7	6	5	1	3
6	2	5	9	1	3	8	4	7
3	1	7	4	8	5	9	6	2

SOLUTIONS

3	7	6	2	9	4	8	5	1
8	9	5	3	1	6	2	7	4
4	1	2	8	7	5	3	9	6
7	4	9	5	3	8	6	1	2
5	2	3	9	6	1	7	4	8
6	8	1	4	2	7	5	3	9
9	3	8	7	4	2	1	6	5
1	5	4	6	8	3	9	2	7
2	6	7	1	5	9	4	8	3

9	4	5	7	1	6	3	2	8
6	3	8	5	4	2	9	1	7
7	2	1	3	8	9	5	4	6
3	6	2	9	7	4	1	8	5
5	1	9	6	3	8	2	7	4
4	8	7	2	5	1	6	9	3
1	7	6	4	2	5	8	3	9
2	5	4	8	9	3	7	6	1
8	9	3	1	6	7	4	5	2

4	3	2	1	5	7	9	6	8
1	9	8	6	2	4	3	5	7
5	6	7	3	8	9	2	1	4
7	1	9	5	4	8	6	3	2
6	4	5	2	9	3	8	7	1
8	2	3	7	1	6	4	9	5
2	7	6	4	3	5	1	8	9
3	8	4	9	7	1	5	2	6
9	5	1	8	6	2	7	4	3

SOLUTIONS

37

4	8	1	3	6	9	5	2	7
7	2	3	8	5	1	4	6	9
5	6	9	7	4	2	1	8	3
1	4	8	2	9	6	7	3	5
6	7	2	4	3	5	8	9	1
3	9	5	1	8	7	2	4	6
9	1	7	6	2	8	3	5	4
8	5	4	9	1	3	6	7	2
2	3	6	5	7	4	9	1	8

38

2	6	7	8	4	9	1	3	5
8	5	3	6	7	1	9	4	2
9	1	4	3	2	5	8	7	6
7	8	6	9	1	4	2	5	3
3	2	5	7	8	6	4	1	9
1	4	9	5	3	2	6	8	7
6	7	2	1	5	8	3	9	4
4	3	1	2	9	7	5	6	8
5	9	8	4	6	3	7	2	1

39

2	3	6	1	9	7	8	4	5
7	8	5	4	3	2	6	9	1
9	1	4	5	8	6	2	7	3
8	9	7	6	1	4	5	3	2
6	5	3	8	2	9	7	1	4
1	4	2	3	7	5	9	6	8
4	2	1	7	6	8	3	5	9
5	7	8	9	4	3	1	2	6
3	6	9	2	5	1	4	8	7

SOLUTIONS

40

2	6	7	4	8	1	3	5	9
4	3	5	7	9	6	2	8	1
9	8	1	5	2	3	6	4	7
7	5	4	6	3	2	1	9	8
3	1	8	9	7	5	4	2	6
6	2	9	8	1	4	5	7	3
8	4	2	1	6	7	9	3	5
5	9	6	3	4	8	7	1	2
1	7	3	2	5	9	8	6	4

41

2	6	5	3	8	9	4	7	1
3	1	4	5	7	2	9	8	6
9	8	7	1	4	6	3	2	5
5	4	2	6	1	7	8	3	9
1	3	9	8	2	4	6	5	7
8	7	6	9	3	5	1	4	2
4	2	1	7	6	3	5	9	8
6	9	3	2	5	8	7	1	4
7	5	8	4	9	1	2	6	3

42

1	7	3	8	9	2	6	5	4
4	5	2	6	7	1	3	8	9
9	8	6	5	3	4	2	1	7
3	2	4	9	1	5	8	7	6
7	6	5	4	2	8	9	3	1
8	9	1	7	6	3	4	2	5
5	1	8	2	4	6	7	9	3
6	3	7	1	8	9	5	4	2
2	4	9	3	5	7	1	6	8

SOLUTIONS

43

9	1	6	2	4	7	5	3	8
8	3	7	5	6	9	4	2	1
4	2	5	1	3	8	9	6	7
5	4	9	7	8	6	3	1	2
2	7	3	4	9	1	6	8	5
1	6	8	3	5	2	7	9	4
6	9	2	8	7	5	1	4	3
3	5	1	6	2	4	8	7	9
7	8	4	9	1	3	2	5	6

44

7	2	8	4	1	5	9	6	3
6	3	1	2	9	8	7	5	4
4	9	5	7	6	3	1	2	8
5	6	7	1	8	4	2	3	9
3	8	9	5	7	2	6	4	1
1	4	2	9	3	6	8	7	5
9	1	4	3	2	7	5	8	6
2	5	6	8	4	9	3	1	7
8	7	3	6	5	1	4	9	2

45

7	8	6	2	3	5	4	1	9
9	1	2	6	7	4	5	3	8
4	3	5	1	9	8	2	7	6
8	4	1	7	5	9	3	6	2
6	2	9	3	8	1	7	5	4
5	7	3	4	2	6	8	9	1
3	9	4	5	1	2	6	8	7
2	5	8	9	6	7	1	4	3
1	6	7	8	4	3	9	2	5

SOLUTIONS

46

9	3	4	8	1	7	6	2	5
2	1	7	5	4	6	9	8	3
8	5	6	3	2	9	4	1	7
1	6	3	9	7	8	5	4	2
4	2	5	1	6	3	7	9	8
7	9	8	2	5	4	3	6	1
6	4	2	7	3	1	8	5	9
3	8	1	4	9	5	2	7	6
5	7	9	6	8	2	1	3	4

47

9	4	7	6	3	8	5	1	2
1	8	2	5	9	7	4	6	3
3	5	6	1	2	4	8	9	7
6	1	3	9	4	5	7	2	8
4	7	9	8	6	2	1	3	5
8	2	5	3	7	1	9	4	6
5	3	4	2	8	9	6	7	1
2	9	8	7	1	6	3	5	4
7	6	1	4	5	3	2	8	9

48

4	1	8	3	6	5	7	9	2
6	7	2	4	1	9	8	5	3
3	5	9	2	8	7	6	1	4
7	6	5	8	9	3	4	2	1
1	8	3	5	2	4	9	6	7
2	9	4	1	7	6	3	8	5
5	2	7	9	3	8	1	4	6
9	4	6	7	5	1	2	3	8
8	3	1	6	4	2	5	7	9

SOLUTIONS

49

8	9	5	2	6	4	7	3	1
3	1	2	7	9	8	6	4	5
4	6	7	5	3	1	2	9	8
2	8	1	6	7	3	9	5	4
7	5	3	1	4	9	8	6	2
9	4	6	8	5	2	3	1	7
1	7	9	4	2	6	5	8	3
6	2	4	3	8	5	1	7	9
5	3	8	9	1	7	4	2	6

50

8	3	6	1	2	4	9	5	7
1	9	2	7	5	6	8	3	4
5	4	7	3	8	9	1	6	2
3	5	9	8	4	1	7	2	6
6	7	4	9	3	2	5	8	1
2	8	1	5	6	7	3	4	9
7	6	5	4	1	3	2	9	8
4	1	3	2	9	8	6	7	5
9	2	8	6	7	5	4	1	3

51

1	2	4	8	5	7	9	6	3
3	7	5	2	9	6	1	8	4
6	9	8	3	4	1	7	2	5
2	5	7	9	1	3	8	4	6
8	6	1	7	2	4	3	5	9
4	3	9	5	6	8	2	1	7
5	8	3	4	7	2	6	9	1
9	1	2	6	3	5	4	7	8
7	4	6	1	8	9	5	3	2

SOLUTIONS

52

8	2	9	6	1	7	4	3	5
5	4	1	2	8	3	6	9	7
3	7	6	5	9	4	1	2	8
7	9	2	8	6	5	3	1	4
6	3	4	1	7	9	8	5	2
1	8	5	4	3	2	9	7	6
4	5	8	3	2	1	7	6	9
2	1	7	9	4	6	5	8	3
9	6	3	7	5	8	2	4	1

53

5	4	9	8	2	3	1	7	6
8	6	7	1	4	9	3	5	2
1	3	2	5	6	7	4	8	9
4	2	8	3	7	5	6	9	1
9	7	5	6	1	2	8	4	3
3	1	6	9	8	4	7	2	5
6	5	3	7	9	8	2	1	4
2	8	1	4	5	6	9	3	7
7	9	4	2	3	1	5	6	8

54

3	1	9	6	7	2	4	5	8
7	4	8	9	5	3	6	2	1
6	5	2	4	8	1	3	9	7
1	2	6	8	4	9	7	3	5
8	7	4	3	2	5	1	6	9
9	3	5	1	6	7	2	8	4
5	9	7	2	1	6	8	4	3
2	8	3	7	9	4	5	1	6
4	6	1	5	3	8	9	7	2

8	3	7	1	4	2	6	9	5
9	4	5	8	3	6	2	7	1
1	6	2	5	7	9	8	4	3
3	2	6	9	5	8	4	1	7
7	8	1	4	2	3	9	5	6
5	9	4	7	6	1	3	8	2
2	5	8	3	1	4	7	6	9
6	7	9	2	8	5	1	3	4
4	1	3	6	9	7	5	2	8

9	7	5	2	6	3	4	8	1
1	6	8	5	4	9	3	2	7
3	2	4	1	8	7	6	9	5
5	3	1	9	2	6	7	4	8
6	8	9	4	7	5	1	3	2
7	4	2	8	3	1	5	6	9
4	1	6	7	9	2	8	5	3
2	5	3	6	1	8	9	7	4
8	9	7	3	5	4	2	1	6

7	6	2	5	9	4	3	8	1
4	5	9	3	8	1	6	2	7
8	1	3	2	7	6	9	5	4
3	7	5	9	1	2	4	6	8
6	9	1	4	5	8	2	7	3
2	8	4	6	3	7	5	1	9
5	4	7	1	6	3	8	9	2
1	2	6	8	4	9	7	3	5
9	3	8	7	2	5	1	4	6

SOLUTIONS

4	9	3	5	2	7	1	6	8
7	2	6	8	3	1	5	4	9
8	1	5	4	9	6	3	7	2
9	8	2	6	4	3	7	1	5
1	6	4	7	5	2	9	8	3
5	3	7	1	8	9	6	2	4
2	5	1	3	7	8	4	9	6
6	4	8	9	1	5	2	3	7
3	7	9	2	6	4	8	5	1

4	1	7	9	6	3	2	5	8
9	2	5	4	8	1	7	3	6
6	8	3	5	7	2	9	4	1
1	5	4	7	3	8	6	9	2
3	7	6	1	2	9	5	8	4
2	9	8	6	5	4	1	7	3
8	6	1	3	9	5	4	2	7
5	4	2	8	1	7	3	6	9
7	3	9	2	4	6	8	1	5

1	2	9	7	4	6	5	8	3
4	7	6	5	8	3	9	2	1
5	8	3	1	9	2	4	7	6
6	3	7	4	1	9	8	5	2
9	1	4	2	5	8	6	3	7
8	5	2	3	6	7	1	4	9
3	6	5	8	7	1	2	9	4
2	4	1	9	3	5	7	6	8
7	9	8	6	2	4	3	1	5

SOLUTIONS

61

5	4	2	7	6	8	3	9	1
3	8	7	9	1	2	5	6	4
6	9	1	3	4	5	8	7	2
9	7	5	4	2	6	1	8	3
1	3	4	8	5	7	9	2	6
8	2	6	1	9	3	4	5	7
4	6	8	5	7	1	2	3	9
7	5	9	2	3	4	6	1	8
2	1	3	6	8	9	7	4	5

62

5	8	6	2	7	4	1	9	3
9	4	7	5	3	1	6	8	2
3	2	1	8	9	6	5	4	7
2	1	9	3	5	8	7	6	4
4	7	8	6	2	9	3	5	1
6	5	3	4	1	7	8	2	9
1	9	4	7	6	5	2	3	8
7	3	5	9	8	2	4	1	6
8	6	2	1	4	3	9	7	5

63

8	3	2	5	1	9	4	7	6
7	4	9	6	3	2	5	1	8
6	1	5	8	4	7	3	9	2
4	5	7	1	8	6	9	2	3
1	9	8	2	7	3	6	4	5
2	6	3	9	5	4	1	8	7
9	8	1	7	6	5	2	3	4
3	7	6	4	2	1	8	5	9
5	2	4	3	9	8	7	6	1

SOLUTIONS

64

1	3	6	4	7	8	2	5	9
8	7	9	1	5	2	4	6	3
5	4	2	9	6	3	7	8	1
2	5	7	3	4	6	1	9	8
4	8	1	2	9	5	6	3	7
6	9	3	8	1	7	5	2	4
9	2	5	7	3	1	8	4	6
3	1	8	6	2	4	9	7	5
7	6	4	5	8	9	3	1	2

65

2	9	5	8	1	3	6	4	7
8	6	7	4	5	9	3	2	1
3	1	4	2	7	6	9	5	8
5	2	1	6	8	7	4	9	3
7	3	6	9	4	5	1	8	2
4	8	9	3	2	1	5	7	6
6	5	3	7	9	2	8	1	4
1	7	8	5	3	4	2	6	9
9	4	2	1	6	8	7	3	5

66

4	7	5	2	6	3	8	1	9
8	6	2	1	9	4	3	5	7
1	9	3	5	8	7	4	2	6
7	5	8	6	4	1	2	9	3
6	3	9	8	7	2	1	4	5
2	1	4	3	5	9	7	6	8
5	8	1	7	2	6	9	3	4
3	4	7	9	1	5	6	8	2
9	2	6	4	3	8	5	7	1

SOLUTIONS

67

7	2	5	9	6	8	1	4	3
9	6	4	1	7	3	8	5	2
8	3	1	5	2	4	7	6	9
1	9	2	4	3	7	6	8	5
5	7	3	8	1	6	2	9	4
4	8	6	2	5	9	3	1	7
3	1	9	6	4	2	5	7	8
6	4	7	3	8	5	9	2	1
2	5	8	7	9	1	4	3	6

68

4	5	7	2	1	3	8	9	6
3	1	8	9	6	7	5	4	2
2	9	6	8	4	5	7	3	1
5	7	1	6	2	4	9	8	3
9	3	4	1	7	8	6	2	5
6	8	2	3	5	9	1	7	4
1	6	9	7	3	2	4	5	8
8	2	5	4	9	6	3	1	7
7	4	3	5	8	1	2	6	9

69

1	4	3	9	7	5	8	6	2
9	8	2	6	1	3	4	7	5
6	7	5	8	2	4	9	1	3
2	9	7	1	6	8	3	5	4
5	3	8	4	9	7	6	2	1
4	1	6	5	3	2	7	9	8
7	5	1	3	8	9	2	4	6
3	2	4	7	5	6	1	8	9
8	6	9	2	4	1	5	3	7

SOLUTIONS

70

2	8	6	4	7	3	9	5	1
7	1	5	6	9	8	2	3	4
3	4	9	1	2	5	7	6	8
9	7	8	5	4	1	3	2	6
6	2	1	8	3	9	5	4	7
4	5	3	7	6	2	8	1	9
1	3	7	2	8	4	6	9	5
5	6	2	9	1	7	4	8	3
8	9	4	3	5	6	1	7	2

71

6	7	5	8	1	3	2	4	9
9	3	4	7	6	2	5	1	8
8	1	2	5	4	9	3	6	7
7	8	1	9	3	6	4	2	5
3	5	9	2	8	4	6	7	1
2	4	6	1	5	7	9	8	3
5	2	3	4	7	1	8	9	6
4	6	7	3	9	8	1	5	2
1	9	8	6	2	5	7	3	4

72

5	6	1	9	3	2	7	8	4
3	2	8	7	5	4	6	9	1
9	4	7	6	1	8	2	3	5
2	7	9	3	8	1	5	4	6
1	8	3	5	4	6	9	7	2
6	5	4	2	9	7	8	1	3
4	1	2	8	7	5	3	6	9
7	9	5	4	6	3	1	2	8
8	3	6	1	2	9	4	5	7

73

2	7	8	3	5	1	4	9	6
1	9	4	7	8	6	5	3	2
3	5	6	4	2	9	1	8	7
4	6	5	9	3	2	8	7	1
8	2	3	1	6	7	9	5	4
9	1	7	8	4	5	2	6	3
7	3	1	2	9	8	6	4	5
5	4	9	6	1	3	7	2	8
6	8	2	5	7	4	3	1	9

74

1	5	9	3	7	2	6	4	8
4	8	7	9	5	6	1	3	2
3	2	6	8	1	4	5	9	7
9	4	5	2	8	3	7	6	1
7	6	8	4	9	1	3	2	5
2	1	3	5	6	7	4	8	9
6	7	4	1	2	9	8	5	3
8	3	2	7	4	5	9	1	6
5	9	1	6	3	8	2	7	4

75

5	2	4	6	8	9	3	1	7
6	1	9	5	3	7	8	4	2
8	3	7	1	2	4	6	9	5
7	8	1	4	9	6	5	2	3
9	6	3	2	1	5	7	8	4
4	5	2	3	7	8	9	6	1
2	7	6	9	5	1	4	3	8
3	4	8	7	6	2	1	5	9
1	9	5	8	4	3	2	7	6

SOLUTIONS

76

2	6	8	7	9	1	4	3	5
7	9	3	2	4	5	8	6	1
1	5	4	8	6	3	7	9	2
5	8	9	6	2	4	3	1	7
4	3	1	5	8	7	9	2	6
6	2	7	1	3	9	5	4	8
9	1	5	3	7	2	6	8	4
3	7	6	4	1	8	2	5	9
8	4	2	9	5	6	1	7	3

77

8	9	7	3	4	6	1	2	5
6	1	4	8	2	5	7	9	3
2	5	3	7	1	9	6	8	4
3	7	8	5	6	2	9	4	1
4	2	9	1	7	8	3	5	6
5	6	1	9	3	4	8	7	2
9	8	2	6	5	1	4	3	7
7	4	6	2	8	3	5	1	9
1	3	5	4	9	7	2	6	8

78

4	1	7	9	8	5	2	6	3
9	8	3	7	2	6	4	5	1
5	2	6	4	3	1	7	9	8
1	3	9	6	5	2	8	7	4
8	7	4	1	9	3	6	2	5
6	5	2	8	7	4	3	1	9
7	4	1	5	6	8	9	3	2
3	9	5	2	4	7	1	8	6
2	6	8	3	1	9	5	4	7

SOLUTIONS

79

9	5	1	7	3	2	4	8	6
4	2	6	5	1	8	9	3	7
8	3	7	4	6	9	2	1	5
3	6	8	1	9	4	5	7	2
2	4	9	8	5	7	1	6	3
1	7	5	6	2	3	8	4	9
5	9	4	3	7	1	6	2	8
7	8	2	9	4	6	3	5	1
6	1	3	2	8	5	7	9	4

80

5	2	6	7	4	9	8	3	1
7	4	8	3	1	2	9	6	5
1	3	9	6	5	8	7	2	4
2	7	1	9	8	3	4	5	6
6	8	4	5	2	7	1	9	3
9	5	3	1	6	4	2	7	8
4	9	2	8	3	5	6	1	7
8	1	5	2	7	6	3	4	9
3	6	7	4	9	1	5	8	2

81

3	6	5	1	2	7	4	8	9
9	2	8	6	4	3	1	5	7
4	7	1	5	8	9	6	2	3
6	5	2	9	1	4	3	7	8
7	3	4	8	5	2	9	1	6
1	8	9	7	3	6	5	4	2
2	1	7	3	6	5	8	9	4
5	4	6	2	9	8	7	3	1
8	9	3	4	7	1	2	6	5

SOLUTIONS

82

1	4	2	5	6	7	8	9	3
5	7	8	3	2	9	6	4	1
3	6	9	8	1	4	5	7	2
8	5	4	7	3	6	1	2	9
9	1	6	4	5	2	7	3	8
2	3	7	9	8	1	4	5	6
4	8	1	2	9	5	3	6	7
7	9	3	6	4	8	2	1	5
6	2	5	1	7	3	9	8	4

83

7	5	9	3	2	8	1	6	4
3	8	4	5	1	6	9	2	7
6	1	2	7	9	4	5	8	3
4	3	6	2	7	5	8	1	9
5	9	1	6	8	3	4	7	2
8	2	7	9	4	1	3	5	6
1	4	3	8	6	2	7	9	5
9	6	8	4	5	7	2	3	1
2	7	5	1	3	9	6	4	8

84

5	8	9	2	3	4	7	1	6
6	1	4	7	5	9	2	8	3
2	3	7	1	6	8	9	4	5
7	4	5	8	2	6	3	9	1
8	2	6	3	9	1	4	5	7
3	9	1	4	7	5	8	6	2
4	6	2	9	1	7	5	3	8
1	7	8	5	4	3	6	2	9
9	5	3	6	8	2	1	7	4

85

2	7	5	8	6	3	1	4	9
6	4	9	7	1	5	3	8	2
3	1	8	9	2	4	6	7	5
4	9	6	1	7	2	8	5	3
1	8	7	3	5	9	2	6	4
5	3	2	6	4	8	9	1	7
8	5	4	2	9	1	7	3	6
9	6	3	5	8	7	4	2	1
7	2	1	4	3	6	5	9	8

86

1	5	6	9	7	4	2	8	3
4	2	9	8	3	5	6	1	7
3	8	7	1	2	6	4	5	9
5	3	2	4	8	1	7	9	6
9	7	8	2	6	3	5	4	1
6	4	1	7	5	9	3	2	8
7	9	5	3	1	2	8	6	4
8	6	4	5	9	7	1	3	2
2	1	3	6	4	8	9	7	5

87

1	5	4	6	3	8	7	2	9
7	3	2	5	9	4	8	6	1
8	6	9	7	1	2	4	5	3
6	4	7	3	5	9	1	8	2
9	8	1	2	6	7	5	3	4
5	2	3	4	8	1	9	7	6
3	1	5	9	7	6	2	4	8
4	7	8	1	2	3	6	9	5
2	9	6	8	4	5	3	1	7

SOLUTIONS

88

6	5	2	3	4	9	7	8	1
7	1	9	6	5	8	4	3	2
4	8	3	2	1	7	6	9	5
5	2	1	7	8	6	9	4	3
9	7	6	4	3	2	1	5	8
3	4	8	1	9	5	2	7	6
1	3	7	5	2	4	8	6	9
2	9	4	8	6	3	5	1	7
8	6	5	9	7	1	3	2	4

89

9	4	8	6	5	3	2	1	7
3	7	5	4	2	1	9	6	8
6	2	1	9	8	7	5	4	3
1	8	2	7	6	5	4	3	9
5	6	3	2	9	4	7	8	1
7	9	4	1	3	8	6	2	5
8	1	7	5	4	2	3	9	6
2	3	9	8	7	6	1	5	4
4	5	6	3	1	9	8	7	2

90

3	5	7	1	4	9	6	2	8
6	8	4	2	7	3	9	5	1
2	1	9	5	8	6	7	3	4
5	4	2	6	9	7	1	8	3
1	9	8	3	5	2	4	7	6
7	3	6	8	1	4	5	9	2
8	2	5	7	6	1	3	4	9
9	6	3	4	2	5	8	1	7
4	7	1	9	3	8	2	6	5

91

2	3	1	7	4	8	9	6	5
4	8	9	5	3	6	7	1	2
7	6	5	2	9	1	8	3	4
6	7	2	8	1	4	3	5	9
3	1	4	9	2	5	6	8	7
5	9	8	6	7	3	2	4	1
1	5	7	3	6	2	4	9	8
8	2	3	4	5	9	1	7	6
9	4	6	1	8	7	5	2	3

92

2	9	1	3	7	6	5	8	4
8	5	3	1	4	9	7	2	6
7	4	6	5	8	2	1	3	9
4	1	2	8	9	7	3	6	5
5	3	9	6	1	4	8	7	2
6	7	8	2	3	5	9	4	1
9	2	5	7	6	8	4	1	3
1	6	7	4	5	3	2	9	8
3	8	4	9	2	1	6	5	7

93

8	9	2	5	4	1	6	3	7
1	4	3	6	9	7	2	5	8
6	5	7	3	8	2	4	1	9
9	3	5	4	7	6	1	8	2
7	8	4	2	1	5	9	6	3
2	6	1	8	3	9	7	4	5
3	2	9	1	5	4	8	7	6
4	7	8	9	6	3	5	2	1
5	1	6	7	2	8	3	9	4

SOLUTIONS

94

8	3	9	5	1	2	7	4	6
6	7	5	3	8	4	2	1	9
4	1	2	7	9	6	8	5	3
2	4	6	1	5	3	9	7	8
3	5	7	9	4	8	1	6	2
9	8	1	6	2	7	5	3	4
7	9	4	8	6	1	3	2	5
1	6	8	2	3	5	4	9	7
5	2	3	4	7	9	6	8	1

95

5	2	1	4	3	6	9	8	7
7	4	9	8	5	1	3	2	6
8	3	6	7	2	9	5	1	4
3	7	4	5	9	2	8	6	1
9	1	2	6	8	3	7	4	5
6	5	8	1	7	4	2	9	3
1	8	3	9	4	5	6	7	2
2	6	7	3	1	8	4	5	9
4	9	5	2	6	7	1	3	8

96

5	9	1	3	8	6	2	4	7
7	8	6	2	5	4	1	9	3
4	3	2	1	9	7	8	6	5
3	4	5	9	2	1	6	7	8
6	2	9	8	7	3	4	5	1
1	7	8	4	6	5	9	3	2
9	6	3	5	1	8	7	2	4
8	5	7	6	4	2	3	1	9
2	1	4	7	3	9	5	8	6

SOLUTIONS

97

6	4	9	3	7	2	8	5	1
2	1	7	9	8	5	4	3	6
8	5	3	6	4	1	2	7	9
3	2	5	7	6	4	9	1	8
9	8	4	2	1	3	5	6	7
7	6	1	8	5	9	3	2	4
4	3	6	1	2	8	7	9	5
5	7	2	4	9	6	1	8	3
1	9	8	5	3	7	6	4	2

98

9	8	3	2	5	7	6	4	1
7	4	6	1	8	3	2	5	9
1	2	5	6	4	9	7	3	8
3	9	8	7	1	2	5	6	4
2	7	1	4	6	5	9	8	3
5	6	4	3	9	8	1	2	7
4	1	7	8	2	6	3	9	5
6	3	9	5	7	4	8	1	2
8	5	2	9	3	1	4	7	6

99

1	4	9	7	2	6	5	3	8
6	5	7	4	8	3	2	9	1
8	2	3	5	1	9	6	4	7
7	1	8	9	5	4	3	6	2
4	3	5	2	6	8	1	7	9
2	9	6	3	7	1	8	5	4
3	6	1	8	4	7	9	2	5
5	8	4	6	9	2	7	1	3
9	7	2	1	3	5	4	8	6

SOLUTIONS

⟨100⟩

3	8	1	5	6	9	7	2	4
5	2	6	8	4	7	9	3	1
7	4	9	3	1	2	6	5	8
2	7	5	6	9	1	4	8	3
1	6	3	7	8	4	5	9	2
8	9	4	2	3	5	1	7	6
9	5	8	4	2	6	3	1	7
4	3	7	1	5	8	2	6	9
6	1	2	9	7	3	8	4	5

⟨101⟩

5	6	4	7	1	9	8	2	3
2	1	3	6	8	4	9	7	5
7	9	8	2	5	3	4	1	6
1	7	5	8	9	2	6	3	4
8	4	2	3	7	6	1	5	9
6	3	9	1	4	5	7	8	2
9	5	7	4	2	1	3	6	8
4	8	6	5	3	7	2	9	1
3	2	1	9	6	8	5	4	7

⟨102⟩

5	4	1	6	9	8	3	2	7
2	6	8	5	7	3	4	9	1
9	7	3	4	1	2	5	6	8
7	8	4	2	3	6	9	1	5
6	3	9	7	5	1	8	4	2
1	2	5	8	4	9	7	3	6
4	9	2	1	8	7	6	5	3
8	5	6	3	2	4	1	7	9
3	1	7	9	6	5	2	8	4

SOLUTIONS

103

1	7	9	2	8	5	3	6	4
4	5	8	6	3	1	9	2	7
6	3	2	9	7	4	8	5	1
9	6	3	8	4	2	1	7	5
2	4	5	1	9	7	6	8	3
8	1	7	5	6	3	2	4	9
7	2	4	3	1	8	5	9	6
5	9	1	4	2	6	7	3	8
3	8	6	7	5	9	4	1	2

104

4	8	1	6	3	5	9	2	7
5	7	2	8	4	9	6	3	1
6	3	9	7	1	2	8	4	5
8	4	7	9	5	6	2	1	3
1	2	3	4	8	7	5	9	6
9	6	5	1	2	3	7	8	4
2	9	4	5	7	1	3	6	8
7	1	6	3	9	8	4	5	2
3	5	8	2	6	4	1	7	9

105

8	1	4	6	5	2	7	9	3
3	9	5	7	4	8	1	2	6
7	2	6	1	9	3	4	5	8
6	5	1	8	2	9	3	7	4
9	7	8	4	3	1	5	6	2
4	3	2	5	7	6	9	8	1
2	6	7	9	1	4	8	3	5
5	4	3	2	8	7	6	1	9
1	8	9	3	6	5	2	4	7

SOLUTIONS

106

4	9	8	7	5	2	6	3	1
2	6	5	1	3	8	9	4	7
1	3	7	9	6	4	2	8	5
7	8	4	6	9	1	3	5	2
5	2	6	4	8	3	1	7	9
3	1	9	5	2	7	4	6	8
8	4	1	2	7	6	5	9	3
6	5	3	8	1	9	7	2	4
9	7	2	3	4	5	8	1	6

107

6	9	1	4	3	2	7	5	8
8	5	3	9	7	6	2	1	4
4	2	7	1	8	5	6	9	3
3	7	8	2	1	9	4	6	5
9	4	2	5	6	7	8	3	1
5	1	6	3	4	8	9	2	7
1	3	9	7	2	4	5	8	6
7	6	5	8	9	1	3	4	2
2	8	4	6	5	3	1	7	9

108

4	9	3	2	1	7	5	6	8
6	1	8	9	3	5	7	2	4
7	2	5	8	6	4	1	3	9
2	7	6	1	4	3	8	9	5
3	5	1	7	8	9	2	4	6
8	4	9	6	5	2	3	7	1
1	8	7	3	9	6	4	5	2
5	6	2	4	7	1	9	8	3
9	3	4	5	2	8	6	1	7

109

8	7	5	1	2	3	9	4	6
2	3	6	9	4	8	1	7	5
4	1	9	5	6	7	8	3	2
5	6	7	4	8	9	2	1	3
3	2	8	6	7	1	5	9	4
9	4	1	2	3	5	7	6	8
1	8	2	3	9	4	6	5	7
6	5	3	7	1	2	4	8	9
7	9	4	8	5	6	3	2	1

110

9	5	2	8	7	4	6	3	1
6	1	8	3	5	2	4	9	7
3	4	7	9	1	6	8	2	5
4	8	3	7	9	1	2	5	6
1	7	9	2	6	5	3	8	4
5	2	6	4	8	3	7	1	9
2	6	5	1	4	8	9	7	3
8	9	1	6	3	7	5	4	2
7	3	4	5	2	9	1	6	8

111

8	7	3	6	9	2	5	4	1
6	2	9	1	4	5	8	7	3
4	1	5	7	8	3	6	2	9
3	6	8	9	5	7	2	1	4
5	4	1	2	3	6	7	9	8
2	9	7	8	1	4	3	6	5
9	8	2	3	7	1	4	5	6
1	5	6	4	2	8	9	3	7
7	3	4	5	6	9	1	8	2

SOLUTIONS

112

6	9	4	5	1	7	3	2	8
2	5	8	3	6	4	9	7	1
7	1	3	2	8	9	5	6	4
5	4	1	6	2	8	7	9	3
9	2	6	7	4	3	8	1	5
8	3	7	1	9	5	6	4	2
3	6	5	4	7	1	2	8	9
1	7	9	8	5	2	4	3	6
4	8	2	9	3	6	1	5	7

113

9	1	3	5	2	4	8	7	6
2	7	8	9	6	3	1	5	4
5	6	4	8	1	7	3	9	2
6	4	9	7	8	1	2	3	5
8	2	5	4	3	9	7	6	1
7	3	1	2	5	6	4	8	9
3	8	2	1	9	5	6	4	7
4	5	6	3	7	2	9	1	8
1	9	7	6	4	8	5	2	3

114

4	6	5	7	2	3	1	9	8
8	9	1	4	6	5	2	7	3
7	3	2	9	8	1	5	4	6
1	5	3	6	9	4	8	2	7
2	8	9	3	1	7	6	5	4
6	4	7	8	5	2	9	3	1
9	2	4	1	3	6	7	8	5
3	1	8	5	7	9	4	6	2
5	7	6	2	4	8	3	1	9

SOLUTIONS

115

7	4	8	5	9	2	1	6	3
6	2	5	1	4	3	7	9	8
1	3	9	6	7	8	4	2	5
3	5	1	4	2	9	8	7	6
8	9	4	3	6	7	2	5	1
2	6	7	8	1	5	9	3	4
4	8	2	7	3	6	5	1	9
9	1	6	2	5	4	3	8	7
5	7	3	9	8	1	6	4	2

116

9	4	7	3	1	6	8	5	2
8	2	5	4	9	7	3	6	1
6	1	3	2	8	5	7	4	9
1	6	2	7	4	3	9	8	5
7	5	8	9	2	1	6	3	4
3	9	4	6	5	8	1	2	7
4	7	6	5	3	9	2	1	8
5	8	9	1	6	2	4	7	3
2	3	1	8	7	4	5	9	6

117

2	7	4	8	3	6	9	5	1
8	3	1	9	4	5	6	7	2
6	5	9	1	2	7	3	8	4
5	4	8	6	1	2	7	3	9
7	6	3	5	9	4	2	1	8
1	9	2	7	8	3	5	4	6
9	8	7	2	5	1	4	6	3
3	1	5	4	6	9	8	2	7
4	2	6	3	7	8	1	9	5

SOLUTIONS

118

7	1	4	2	9	6	3	8	5
2	8	5	4	3	7	6	1	9
3	6	9	5	1	8	4	7	2
5	9	3	1	8	2	7	4	6
1	4	7	3	6	9	2	5	8
8	2	6	7	4	5	9	3	1
9	7	8	6	5	3	1	2	4
6	3	1	8	2	4	5	9	7
4	5	2	9	7	1	8	6	3

119

4	7	6	2	5	8	3	9	1
2	9	1	6	4	3	7	5	8
8	5	3	7	9	1	4	2	6
3	8	4	9	7	2	1	6	5
7	2	5	4	1	6	8	3	9
6	1	9	8	3	5	2	7	4
1	4	7	3	6	9	5	8	2
9	3	8	5	2	4	6	1	7
5	6	2	1	8	7	9	4	3

120

7	1	3	9	2	4	5	8	6
2	5	6	1	8	7	4	3	9
8	9	4	5	6	3	7	1	2
3	2	5	4	1	6	8	9	7
4	6	7	8	5	9	1	2	3
1	8	9	3	7	2	6	5	4
6	7	1	2	9	8	3	4	5
9	3	8	6	4	5	2	7	1
5	4	2	7	3	1	9	6	8

121

5	1	6	2	4	9	7	8	3
7	2	8	3	5	6	1	9	4
4	9	3	1	8	7	5	6	2
9	8	7	4	1	3	6	2	5
2	3	4	8	6	5	9	1	7
1	6	5	9	7	2	3	4	8
3	4	9	5	2	1	8	7	6
8	7	1	6	3	4	2	5	9
6	5	2	7	9	8	4	3	1

122

5	4	7	2	8	6	9	1	3
8	9	1	3	4	7	6	2	5
2	6	3	1	9	5	7	4	8
7	3	2	8	1	9	5	6	4
6	5	8	7	2	4	3	9	1
9	1	4	5	6	3	2	8	7
4	2	5	6	3	8	1	7	9
3	8	6	9	7	1	4	5	2
1	7	9	4	5	2	8	3	6

123

8	9	3	6	1	2	7	4	5
1	2	4	5	8	7	6	3	9
7	6	5	3	4	9	2	1	8
9	5	6	7	3	1	8	2	4
4	7	2	8	6	5	1	9	3
3	1	8	2	9	4	5	7	6
6	8	7	4	2	3	9	5	1
2	4	1	9	5	8	3	6	7
5	3	9	1	7	6	4	8	2

124

6	3	1	5	4	9	2	8	7
9	4	5	7	2	8	6	1	3
8	7	2	3	1	6	4	9	5
1	8	7	2	9	5	3	6	4
2	9	4	6	3	1	7	5	8
5	6	3	4	8	7	9	2	1
7	2	8	9	5	4	1	3	6
4	1	9	8	6	3	5	7	2
3	5	6	1	7	2	8	4	9

125

8	5	1	4	6	3	7	9	2
6	4	3	2	7	9	5	1	8
7	9	2	8	5	1	4	6	3
4	3	7	9	1	8	2	5	6
1	6	8	5	2	7	9	3	4
5	2	9	6	3	4	1	8	7
3	7	6	1	9	2	8	4	5
2	1	4	3	8	5	6	7	9
9	8	5	7	4	6	3	2	1

126

9	7	3	4	2	5	6	1	8
1	2	6	7	8	3	5	4	9
8	5	4	6	1	9	2	3	7
7	3	5	2	4	8	9	6	1
4	1	2	9	7	6	8	5	3
6	8	9	3	5	1	7	2	4
2	9	7	1	6	4	3	8	5
3	4	8	5	9	2	1	7	6
5	6	1	8	3	7	4	9	2

127

3	7	8	6	1	2	5	4	9
5	2	4	3	9	7	6	1	8
9	6	1	5	4	8	3	2	7
8	5	3	4	2	6	9	7	1
7	9	2	1	3	5	4	8	6
4	1	6	7	8	9	2	5	3
2	4	7	9	6	1	8	3	5
6	3	5	8	7	4	1	9	2
1	8	9	2	5	3	7	6	4

128

2	9	6	5	1	3	7	8	4
3	7	5	4	9	8	1	6	2
1	4	8	6	7	2	9	3	5
7	1	4	8	3	5	2	9	6
9	8	2	1	6	4	3	5	7
5	6	3	7	2	9	8	4	1
6	5	7	9	8	1	4	2	3
8	3	1	2	4	6	5	7	9
4	2	9	3	5	7	6	1	8

129

8	5	3	4	6	7	1	9	2
2	9	1	3	8	5	4	6	7
4	6	7	9	1	2	5	3	8
7	3	6	5	4	9	8	2	1
1	4	9	2	7	8	6	5	3
5	2	8	6	3	1	7	4	9
9	7	4	1	2	6	3	8	5
6	8	2	7	5	3	9	1	4
3	1	5	8	9	4	2	7	6

SOLUTIONS

130

5	2	1	6	4	9	3	8	7
3	6	7	1	8	2	9	4	5
4	8	9	3	5	7	6	1	2
1	7	4	5	9	6	8	2	3
2	9	3	8	7	1	5	6	4
6	5	8	2	3	4	7	9	1
9	3	2	4	6	5	1	7	8
7	1	5	9	2	8	4	3	6
8	4	6	7	1	3	2	5	9

131

3	6	9	5	4	1	2	7	8
4	2	1	8	7	6	5	9	3
8	5	7	3	2	9	1	4	6
5	3	2	7	1	8	4	6	9
9	4	8	6	5	2	3	1	7
1	7	6	4	9	3	8	2	5
7	8	5	2	6	4	9	3	1
2	9	3	1	8	7	6	5	4
6	1	4	9	3	5	7	8	2

132

2	6	9	8	7	5	1	3	4
8	7	3	6	4	1	2	9	5
4	1	5	9	2	3	6	7	8
7	9	8	1	5	2	4	6	3
5	2	6	4	3	8	7	1	9
3	4	1	7	6	9	8	5	2
6	5	4	2	9	7	3	8	1
9	8	2	3	1	6	5	4	7
1	3	7	5	8	4	9	2	6

SOLUTIONS

⟨133⟩

2	3	6	4	5	1	8	9	7
5	1	7	9	6	8	4	3	2
4	9	8	7	2	3	6	5	1
3	6	4	2	1	9	5	7	8
9	8	5	3	7	4	2	1	6
1	7	2	6	8	5	3	4	9
8	2	1	5	3	7	9	6	4
6	5	9	1	4	2	7	8	3
7	4	3	8	9	6	1	2	5

⟨134⟩

2	4	5	3	6	9	7	1	8
8	6	1	5	7	4	9	3	2
3	9	7	1	2	8	6	4	5
9	7	8	4	3	5	1	2	6
5	3	2	8	1	6	4	7	9
4	1	6	7	9	2	5	8	3
1	5	9	2	8	7	3	6	4
7	2	4	6	5	3	8	9	1
6	8	3	9	4	1	2	5	7

⟨135⟩

7	6	8	1	4	5	2	9	3
4	1	3	7	2	9	6	5	8
9	2	5	6	3	8	4	1	7
5	4	6	3	9	1	7	8	2
3	8	1	2	7	4	5	6	9
2	7	9	8	5	6	3	4	1
1	9	7	5	6	3	8	2	4
8	5	2	4	1	7	9	3	6
6	3	4	9	8	2	1	7	5

SOLUTIONS

⟨136⟩

3	8	2	1	6	9	4	7	5
4	6	5	7	3	2	8	1	9
1	9	7	4	5	8	6	3	2
9	4	1	3	8	6	2	5	7
2	7	6	5	4	1	3	9	8
8	5	3	9	2	7	1	6	4
6	3	8	2	7	5	9	4	1
5	1	4	8	9	3	7	2	6
7	2	9	6	1	4	5	8	3

⟨137⟩

2	3	9	4	6	5	1	7	8
6	7	1	2	3	8	9	5	4
5	4	8	9	1	7	6	3	2
3	1	6	7	5	4	8	2	9
4	2	7	3	8	9	5	1	6
8	9	5	6	2	1	3	4	7
9	8	2	1	7	3	4	6	5
1	6	4	5	9	2	7	8	3
7	5	3	8	4	6	2	9	1

⟨138⟩

9	8	2	5	3	4	6	7	1
6	5	3	2	7	1	8	4	9
4	7	1	6	9	8	2	3	5
8	6	7	1	2	3	9	5	4
3	9	4	8	5	6	1	2	7
1	2	5	7	4	9	3	8	6
7	1	8	3	6	5	4	9	2
2	3	9	4	1	7	5	6	8
5	4	6	9	8	2	7	1	3

SOLUTIONS

139

2	7	9	1	5	4	3	8	6
3	5	1	7	8	6	2	9	4
4	6	8	9	2	3	5	1	7
6	9	5	3	1	2	7	4	8
1	2	7	4	6	8	9	3	5
8	4	3	5	9	7	1	6	2
5	8	6	2	3	1	4	7	9
7	1	2	6	4	9	8	5	3
9	3	4	8	7	5	6	2	1

140

4	6	2	3	9	7	5	8	1
5	9	1	2	6	8	4	3	7
3	8	7	4	5	1	9	6	2
8	4	5	7	3	6	2	1	9
1	3	6	9	2	5	7	4	8
7	2	9	8	1	4	6	5	3
6	7	3	1	4	9	8	2	5
2	5	8	6	7	3	1	9	4
9	1	4	5	8	2	3	7	6

141

1	6	8	3	4	2	7	5	9
4	5	7	1	9	6	3	2	8
9	3	2	7	5	8	1	4	6
5	9	6	8	2	1	4	7	3
7	1	4	5	6	3	8	9	2
2	8	3	4	7	9	5	6	1
6	4	1	2	3	7	9	8	5
8	2	5	9	1	4	6	3	7
3	7	9	6	8	5	2	1	4

SOLUTIONS

⟨142⟩

5	1	3	9	6	4	2	8	7
8	2	9	5	7	3	6	4	1
7	4	6	2	1	8	3	9	5
3	7	2	4	8	1	9	5	6
9	8	1	6	5	2	4	7	3
4	3	5	7	9	6	8	1	2
1	6	4	8	3	7	5	2	9
2	5	7	3	4	9	1	6	8
6	9	8	1	2	5	7	3	4

⟨143⟩

7	9	8	2	6	4	1	5	3
4	3	9	5	7	2	6	1	8
6	2	7	8	1	5	4	3	9
3	1	5	9	4	8	2	6	7
2	8	6	3	9	1	5	7	4
8	5	1	7	2	9	3	4	6
1	4	2	6	3	7	8	9	5
5	7	3	4	8	6	9	2	1
9	6	4	1	5	3	7	8	2

⟨144⟩

8	3	6	5	4	7	1	2	9
4	6	1	7	9	5	2	3	8
5	2	3	9	8	1	6	7	4
2	1	8	4	7	9	3	5	6
9	7	5	3	2	4	8	6	1
3	9	7	1	5	6	4	8	2
6	4	9	8	3	2	5	1	7
7	5	2	6	1	8	9	4	3
1	8	4	2	6	3	7	9	5

SOLUTIONS

145

3	6	7	4	1	8	9	5	2
5	8	6	7	4	2	1	9	3
9	2	3	8	5	4	7	6	1
1	3	4	2	9	6	8	7	5
6	5	2	1	7	9	3	8	4
7	4	8	3	6	1	5	2	9
8	9	5	6	2	3	4	1	7
2	1	9	5	3	7	6	4	8
4	7	1	9	8	5	2	3	6

146

1	6	5	9	3	8	7	2	4
6	8	2	4	7	5	3	9	1
2	3	4	5	1	9	6	8	7
9	4	8	1	6	7	2	5	3
8	1	7	6	5	3	9	4	2
7	5	9	3	8	2	4	1	6
3	9	6	2	4	1	5	7	8
5	7	3	8	2	4	1	6	9
4	2	1	7	9	6	8	3	5

147

7	9	4	1	2	5	6	3	8
6	8	2	5	3	9	4	7	1
5	2	8	9	6	4	7	1	3
1	4	3	8	5	7	2	9	6
3	6	5	7	1	2	8	4	9
8	1	7	3	4	6	9	5	2
2	7	6	4	9	1	3	8	5
9	3	1	6	7	8	5	2	4
4	5	9	2	8	3	1	6	7

SOLUTIONS

148>

2	5	6	8	7	1	3	9	4
9	1	4	3	2	8	5	7	6
4	6	8	5	9	7	1	2	3
8	7	3	2	1	6	4	5	9
5	9	1	7	3	2	6	4	8
7	8	9	6	4	3	2	1	5
1	3	2	4	6	5	9	8	7
6	4	5	1	8	9	7	3	2
3	2	7	9	5	4	8	6	1

149>

1	8	9	3	6	2	7	5	4
5	7	4	8	1	9	3	2	6
4	5	1	9	7	3	8	6	2
2	6	3	7	5	4	1	8	9
7	3	6	5	2	1	9	4	8
8	2	5	6	9	7	4	3	1
9	4	2	1	8	6	5	7	3
6	1	8	4	3	5	2	9	7
3	9	7	2	4	8	6	1	5

150>

8	7	1	6	3	4	5	2	9
4	9	2	7	6	5	8	3	1
9	8	6	2	5	3	1	7	4
6	3	9	8	1	2	4	5	7
2	5	4	1	8	7	6	9	3
1	2	5	3	7	8	9	4	6
5	1	7	4	9	6	3	8	2
3	4	8	9	2	1	7	6	5
7	6	3	5	4	9	2	1	8

SOLUTIONS

152

2	8	5	4	6	3	9	1	7
7	6	9	3	1	2	8	4	5
9	5	1	7	2	8	4	3	6
4	1	8	6	3	9	7	5	2
3	9	2	5	7	1	6	8	4
8	7	6	1	5	4	2	9	3
1	3	4	2	8	7	5	6	9
5	2	3	9	4	6	1	7	8
6	4	7	8	9	5	3	2	1

152

7	4	1	6	9	5	8	2	3
6	9	2	3	1	8	7	4	5
8	3	5	7	4	2	6	1	9
3	1	9	4	6	7	2	5	8
4	5	6	8	2	9	1	3	7
2	8	7	5	3	1	4	9	6
1	2	8	9	7	3	5	6	4
5	6	3	1	8	4	9	7	2
9	7	4	2	5	6	3	8	1

153

8	2	5	9	4	7	1	3	6
7	4	3	1	6	2	8	5	9
1	9	6	8	3	5	4	7	2
2	7	9	4	5	8	3	6	1
3	8	1	7	9	6	5	2	4
5	6	4	2	1	3	9	8	7
9	5	7	3	2	4	6	1	8
6	1	2	5	8	9	7	4	3
4	3	8	6	7	1	2	9	5

SOLUTIONS

154

9	8	6	5	7	3	1	4	2
1	5	3	2	9	4	7	8	6
4	7	2	1	8	6	9	3	5
5	9	1	6	2	8	4	7	3
3	2	4	7	5	9	6	1	8
7	6	8	4	3	1	5	2	9
6	4	5	8	1	2	3	9	7
2	3	7	9	4	5	8	6	1
8	1	9	3	6	7	2	5	4

155

1	8	7	4	3	5	2	9	6
4	5	9	6	2	7	1	3	8
2	3	6	1	9	8	7	5	4
5	6	4	9	1	2	3	8	7
9	7	1	8	5	3	6	4	2
8	2	3	7	4	6	5	1	9
7	4	5	2	8	1	9	6	3
3	9	2	5	6	4	8	7	1
6	1	8	3	7	9	4	2	5

156

1	6	7	4	2	9	5	3	8
9	4	8	3	5	7	6	2	1
3	5	2	6	8	1	4	7	9
6	1	4	2	9	8	3	5	7
8	3	5	1	7	6	2	9	4
7	2	9	5	3	4	1	8	6
5	7	1	9	4	3	8	6	2
2	9	6	8	1	5	7	4	3
4	8	3	7	6	2	9	1	5

SOLUTIONS

157

9	3	7	5	2	8	6	1	4
8	5	6	4	7	1	2	9	3
2	4	1	3	6	9	7	5	8
4	9	3	6	5	7	8	2	1
6	7	2	8	1	3	5	4	9
5	1	8	9	4	2	3	6	7
3	8	5	2	9	4	1	7	6
1	2	4	7	8	6	9	3	5
7	6	9	1	3	5	4	8	2

158

6	5	9	3	7	4	1	2	8
4	7	8	1	9	2	6	3	5
2	1	3	8	6	5	4	9	7
3	4	6	9	2	7	5	8	1
8	2	7	5	4	1	9	6	3
1	9	5	6	3	8	2	7	4
5	6	1	7	8	9	3	4	2
7	3	2	4	1	6	8	5	9
9	8	4	2	5	3	7	1	6

159

1	3	6	5	4	2	9	7	8
7	9	2	6	8	3	4	5	1
8	5	4	1	9	7	2	3	6
9	2	1	7	6	8	3	4	5
5	4	8	3	1	9	7	6	2
3	6	7	2	5	4	8	1	9
2	1	3	9	7	6	5	8	4
6	8	9	4	3	5	1	2	7
4	7	5	8	2	1	6	9	3

SOLUTIONS

<160>

8	6	5	7	4	2	9	1	3
2	1	9	5	8	3	4	6	7
4	7	3	1	9	6	8	2	5
6	8	1	4	2	7	3	5	9
3	4	7	9	1	5	2	8	6
9	5	2	6	3	8	7	4	1
1	3	4	2	6	9	5	7	8
5	9	6	8	7	4	1	3	2
7	2	8	3	5	1	6	9	4

<161>

7	9	1	6	8	4	5	2	3
2	6	5	1	9	3	7	8	4
4	8	3	5	7	2	1	6	9
9	1	4	7	5	8	6	3	2
6	5	7	2	3	9	8	4	1
3	2	8	4	1	6	9	5	7
1	7	2	8	4	5	3	9	6
5	4	9	3	6	7	2	1	8
8	3	6	9	2	1	4	7	5

<162>

8	5	2	4	6	3	1	7	9
4	3	1	9	7	8	2	6	5
7	9	6	1	2	5	8	4	3
1	7	3	2	8	4	5	9	6
2	4	8	6	5	9	7	3	1
9	6	5	7	3	1	4	2	8
6	2	9	8	1	7	3	5	4
3	8	7	5	4	6	9	1	2
5	1	4	3	9	2	6	8	7

SOLUTIONS

163

2	6	5	8	4	3	1	7	9
1	4	3	9	7	5	6	2	8
9	8	7	6	2	1	5	4	3
7	9	6	4	3	2	8	1	5
5	2	8	1	9	7	4	3	6
3	1	4	5	8	6	2	9	7
4	7	9	2	6	8	3	5	1
6	5	2	3	1	9	7	8	4
8	3	1	7	5	4	9	6	2

164

4	9	5	6	8	2	7	3	1
1	7	6	3	4	5	8	2	9
8	2	3	1	9	7	4	6	5
2	4	8	7	1	9	6	5	3
3	1	7	5	2	6	9	4	8
6	5	9	8	3	4	2	1	7
9	8	1	2	6	3	5	7	4
5	3	2	4	7	8	1	9	6
7	6	4	9	5	1	3	8	2

165

7	6	8	9	5	2	1	4	3
5	3	2	1	8	4	6	7	9
9	1	4	3	6	7	5	2	8
4	9	3	5	2	6	8	1	7
2	7	1	4	9	8	3	5	6
8	5	6	7	1	3	2	9	4
6	4	5	8	7	1	9	3	2
1	8	7	2	3	9	4	6	5
3	2	9	6	4	5	7	8	1

SOLUTIONS

166

2	3	1	4	7	8	6	5	9
8	6	5	1	2	9	4	3	7
7	9	4	5	6	3	1	8	2
9	5	2	3	4	7	8	1	6
1	4	3	8	9	6	7	2	5
6	7	8	2	1	5	9	4	3
5	2	9	7	8	1	3	6	4
4	1	7	6	3	2	5	9	8
3	8	6	9	5	4	2	7	1

167

1	9	2	8	3	7	5	4	6
4	5	3	1	2	6	8	9	7
7	6	8	5	9	4	2	3	1
9	2	1	6	4	8	3	7	5
8	4	6	7	5	3	1	2	9
3	7	5	2	1	9	4	6	8
2	1	4	9	6	5	7	8	3
6	3	7	4	8	1	9	5	2
5	8	9	3	7	2	6	1	4

168

5	9	2	1	7	6	4	8	3
7	3	1	4	8	9	5	2	6
6	4	8	5	2	3	9	7	1
1	6	9	7	3	8	2	5	4
3	7	5	2	6	4	8	1	9
8	2	4	9	5	1	3	6	7
9	8	7	6	4	2	1	3	5
2	1	6	3	9	5	7	4	8
4	5	3	8	1	7	6	9	2

169

9	7	8	4	1	2	3	5	6
2	3	4	5	6	8	1	7	9
6	5	1	7	3	9	2	8	4
7	8	5	9	4	3	6	2	1
3	4	2	6	5	1	8	9	7
1	9	6	8	2	7	4	3	5
8	6	9	2	7	4	5	1	3
4	1	7	3	8	5	9	6	2
5	2	3	1	9	6	7	4	8

170

9	3	8	7	4	6	5	1	2
5	1	4	3	9	2	8	7	6
2	6	7	1	5	8	9	3	4
6	7	5	9	3	1	2	4	8
4	2	9	5	8	7	1	6	3
1	8	3	2	6	4	7	9	5
7	5	1	6	2	3	4	8	9
3	4	2	8	7	9	6	5	1
8	9	6	4	1	5	3	2	7

171

4	1	3	7	9	2	8	5	6
8	5	2	1	4	6	7	9	3
9	6	7	3	8	5	4	2	1
3	8	4	2	5	7	1	6	9
1	7	9	8	6	3	5	4	2
5	2	6	4	1	9	3	8	7
2	9	1	5	3	8	6	7	4
6	3	8	9	7	4	2	1	5
7	4	5	6	2	1	9	3	8

172

4	2	9	5	3	7	6	8	1
6	7	3	1	8	9	4	5	2
1	8	5	6	2	4	7	9	3
7	5	4	2	6	8	3	1	9
9	1	2	4	7	3	5	6	8
3	6	8	9	1	5	2	7	4
5	3	1	8	4	6	9	2	7
2	9	7	3	5	1	8	4	6
8	4	6	7	9	2	1	3	5

173

8	7	3	1	2	5	6	4	9
9	4	1	7	8	6	2	3	5
6	5	2	3	9	4	8	7	1
5	6	4	9	7	8	3	1	2
3	8	7	2	4	1	9	5	6
2	1	9	5	6	3	7	8	4
1	2	8	4	3	9	5	6	7
4	9	6	8	5	7	1	2	3
7	3	5	6	1	2	4	9	8

174

6	9	4	2	1	7	8	3	5
2	3	5	4	9	8	6	1	7
1	8	7	5	3	6	2	4	9
8	2	3	7	6	1	9	5	4
4	1	6	9	8	5	7	2	3
5	7	9	3	4	2	1	8	6
3	6	2	8	5	9	4	7	1
7	4	1	6	2	3	5	9	8
9	5	8	1	7	4	3	6	2

SOLUTIONS

<175>

7	6	3	1	4	5	8	2	9
4	9	8	7	2	6	5	1	3
1	5	2	9	8	3	7	6	4
6	3	7	4	9	2	1	8	5
9	2	5	3	1	8	6	4	7
8	1	4	6	5	7	9	3	2
3	4	1	8	7	9	2	5	6
5	7	6	2	3	1	4	9	8
2	8	9	5	6	4	3	7	1

<176>

6	4	3	1	5	8	2	7	9
1	2	8	9	3	7	6	5	4
7	5	9	4	6	2	8	3	1
3	9	1	7	8	6	5	4	2
4	7	6	5	2	1	9	8	3
2	8	5	3	9	4	1	6	7
5	1	4	6	7	9	3	2	8
9	3	2	8	4	5	7	1	6
8	6	7	2	1	3	4	9	5

<177>

3	4	1	9	5	6	2	8	7
2	6	5	8	1	7	9	3	4
8	9	7	4	3	2	5	1	6
6	7	2	3	8	5	4	9	1
1	3	8	2	4	9	6	7	5
9	5	4	6	7	1	8	2	3
7	8	6	1	2	4	3	5	9
4	1	3	5	9	8	7	6	2
5	2	9	7	6	3	1	4	8

SOLUTIONS

178

6	9	3	1	8	5	2	7	4
7	8	5	3	4	2	9	6	1
2	1	4	6	9	7	3	8	5
9	3	8	5	2	4	7	1	6
4	5	2	7	1	6	8	3	9
1	6	7	9	3	8	5	4	2
3	2	9	8	6	1	4	5	7
8	7	1	4	5	9	6	2	3
5	4	6	2	7	3	1	9	8

179

8	3	5	4	9	2	1	7	6
2	4	7	1	5	6	9	8	3
6	9	1	7	8	3	2	5	4
7	6	2	5	4	1	3	9	8
4	5	9	2	3	8	6	1	7
1	8	3	9	6	7	4	2	5
5	1	6	8	2	4	7	3	9
9	2	4	3	7	5	8	6	1
3	7	8	6	1	9	5	4	2

180

3	6	4	9	1	8	7	2	5
8	9	7	5	2	6	4	1	3
5	1	2	4	7	3	8	9	6
2	4	3	8	5	9	6	7	1
6	8	1	7	3	2	5	4	9
9	7	5	1	6	4	3	8	2
1	2	6	3	4	7	9	5	8
4	5	9	6	8	1	2	3	7
7	3	8	2	9	5	1	6	4

SOLUTIONS

<181>

2	5	3	8	4	6	9	1	7
4	1	6	9	2	7	5	8	3
9	7	8	1	5	3	2	4	6
8	6	5	4	3	2	1	7	9
1	9	4	7	6	8	3	2	5
7	3	2	5	9	1	8	6	4
6	8	1	3	7	5	4	9	2
3	2	9	6	8	4	7	5	1
5	4	7	2	1	9	6	3	8

<182>

7	3	9	2	6	8	4	1	5
5	4	8	7	9	1	2	3	6
1	2	6	3	5	4	8	9	7
8	5	4	9	1	2	7	6	3
9	7	3	5	8	6	1	2	4
2	6	1	4	3	7	5	8	9
4	1	7	6	2	3	9	5	8
6	8	5	1	7	9	3	4	2
3	9	2	8	4	5	6	7	1

<183>

5	9	1	4	2	8	7	6	3
8	6	3	7	9	5	2	1	4
4	2	7	3	6	1	5	9	8
6	3	4	2	5	7	1	8	9
2	5	8	6	1	9	3	4	7
7	1	9	8	4	3	6	2	5
1	4	5	9	3	6	8	7	2
3	8	2	1	7	4	9	5	6
9	7	6	5	8	2	4	3	1

SOLUTIONS

〈184〉

4	3	7	5	8	2	1	6	9
5	1	2	9	6	3	7	4	8
9	6	8	7	1	4	2	3	5
6	5	1	2	3	9	4	8	7
3	8	4	6	5	7	9	1	2
2	7	9	1	4	8	3	5	6
8	2	6	3	7	1	5	9	4
7	4	3	8	9	5	6	2	1
1	9	5	4	2	6	8	7	3

〈185〉

4	5	2	7	9	8	1	3	6
7	3	9	1	5	6	2	8	4
8	6	1	3	2	4	7	5	9
1	9	4	8	3	2	5	6	7
2	7	3	5	6	1	9	4	8
5	8	6	9	4	7	3	1	2
9	2	5	4	8	3	6	7	1
6	4	7	2	1	5	8	9	3
3	1	8	6	7	9	4	2	5

〈186〉

7	9	2	3	1	6	4	5	8
5	6	8	2	9	4	7	1	3
1	3	4	8	5	7	9	2	6
9	2	6	5	7	3	1	8	4
3	5	7	4	8	1	2	6	9
4	8	1	6	2	9	5	3	7
8	4	5	9	6	2	3	7	1
2	7	9	1	3	8	6	4	5
6	1	3	7	4	5	8	9	2

SOLUTIONS

187

9	1	2	3	7	6	5	4	8
8	4	5	9	2	1	6	3	7
6	7	3	4	5	8	1	2	9
5	2	4	7	8	9	3	1	6
1	6	8	2	4	3	7	9	5
3	9	7	6	1	5	2	8	4
7	8	1	5	3	4	9	6	2
2	3	6	8	9	7	4	5	1
4	5	9	1	6	2	8	7	3

188

8	5	7	4	6	2	9	3	1
3	6	1	5	9	8	4	7	2
9	2	4	7	3	1	6	8	5
6	3	2	9	8	5	7	1	4
1	8	9	6	7	4	2	5	3
7	4	5	2	1	3	8	6	9
2	9	8	3	5	7	1	4	6
5	7	6	1	4	9	3	2	8
4	1	3	8	2	6	5	9	7

189

8	1	9	2	3	5	4	7	6
7	5	2	8	4	6	3	9	1
4	3	6	1	9	7	8	2	5
1	7	3	9	5	8	2	6	4
6	2	8	3	7	4	1	5	9
9	4	5	6	1	2	7	3	8
2	8	4	5	6	3	9	1	7
3	6	1	7	8	9	5	4	2
5	9	7	4	2	1	6	8	3

SOLUTIONS

190

2	8	7	3	6	4	9	5	1
5	4	1	8	7	9	2	3	6
9	6	3	1	5	2	4	7	8
7	5	2	9	3	8	6	1	4
6	3	8	5	4	1	7	9	2
4	1	9	7	2	6	5	8	3
3	7	6	4	1	5	8	2	9
8	2	5	6	9	3	1	4	7
1	9	4	2	8	7	3	6	5

191

2	7	9	8	6	4	5	1	3
1	8	4	9	5	3	7	6	2
3	6	5	1	2	7	8	9	4
7	2	6	4	1	5	3	8	9
9	5	8	3	7	2	1	4	6
4	1	3	6	8	9	2	7	5
8	3	7	5	9	6	4	2	1
5	9	1	2	4	8	6	3	7
6	4	2	7	3	1	9	5	8

192

6	1	3	2	7	9	4	5	8
9	4	2	1	5	8	7	3	6
5	7	8	6	3	4	9	1	2
3	9	7	4	8	6	5	2	1
4	8	5	7	2	1	6	9	3
1	2	6	5	9	3	8	7	4
2	6	9	3	4	7	1	8	5
7	3	1	8	6	5	2	4	9
8	5	4	9	1	2	3	6	7

SOLUTIONS

193

7	2	5	4	9	6	1	8	3
1	6	3	8	5	2	7	4	9
4	9	8	7	1	3	2	5	6
5	7	2	1	4	9	6	3	8
9	1	6	3	8	5	4	7	2
8	3	4	6	2	7	9	1	5
3	5	9	2	7	4	8	6	1
6	4	1	9	3	8	5	2	7
2	8	7	5	6	1	3	9	4

194

4	5	7	2	3	9	8	6	1
8	3	6	7	4	1	5	2	9
9	1	2	5	8	6	3	4	7
7	8	3	1	5	4	6	9	2
2	6	4	9	7	8	1	3	5
5	9	1	6	2	3	7	8	4
6	7	5	3	9	2	4	1	8
1	4	9	8	6	7	2	5	3
3	2	8	4	1	5	9	7	6

195

4	5	3	1	9	7	8	2	6
6	2	7	4	3	8	9	5	1
1	8	9	6	5	2	4	3	7
9	7	8	3	2	6	1	4	5
5	3	6	8	1	4	7	9	2
2	1	4	5	7	9	6	8	3
8	6	5	2	4	1	3	7	9
7	4	2	9	6	3	5	1	8
3	9	1	7	8	5	2	6	4

SOLUTIONS

196

1	2	3	4	6	7	5	8	9
7	9	5	3	2	8	6	1	4
6	8	4	1	9	5	2	3	7
4	5	1	7	8	3	9	6	2
8	6	7	2	4	9	1	5	3
2	3	9	5	1	6	7	4	8
9	1	6	8	7	4	3	2	5
3	7	8	6	5	2	4	9	1
5	4	2	9	3	1	8	7	6

197

7	3	6	5	2	8	1	9	4
8	5	9	3	4	1	7	2	6
4	1	2	7	9	6	8	5	3
1	4	3	8	7	2	5	6	9
2	6	7	9	1	5	3	4	8
9	8	5	6	3	4	2	1	7
3	7	4	1	5	9	6	8	2
5	2	8	4	6	7	9	3	1
6	9	1	2	8	3	4	7	5

198

3	6	9	1	5	7	4	8	2
4	1	8	2	6	3	9	7	5
7	2	5	9	8	4	3	1	6
8	3	7	4	1	5	2	6	9
1	4	2	8	9	6	7	5	3
9	5	6	7	3	2	1	4	8
2	8	1	6	4	9	5	3	7
6	9	3	5	7	1	8	2	4
5	7	4	3	2	8	6	9	1

SOLUTIONS

199

3	8	7	1	9	6	5	2	4
4	1	6	5	8	2	3	7	9
9	5	2	7	3	4	6	1	8
8	2	4	6	5	1	7	9	3
1	6	3	9	4	7	2	8	5
5	7	9	3	2	8	1	4	6
6	4	8	2	1	5	9	3	7
7	9	1	8	6	3	4	5	2
2	3	5	4	7	9	8	6	1

200

9	5	7	6	4	8	3	2	1
1	8	6	3	2	5	9	7	4
4	3	2	7	1	9	6	8	5
7	2	8	9	5	3	4	1	6
3	1	9	4	8	6	7	5	2
6	4	5	1	7	2	8	3	9
2	6	1	8	9	7	5	4	3
5	7	3	2	6	4	1	9	8
8	9	4	5	3	1	2	6	7

201

1	9	4	7	5	8	3	2	6
8	3	7	6	4	2	9	5	1
2	5	6	3	1	9	4	7	8
4	7	2	8	9	3	6	1	5
9	1	8	5	2	6	7	3	4
5	6	3	1	7	4	2	8	9
6	2	5	4	3	1	8	9	7
7	4	9	2	8	5	1	6	3
3	8	1	9	6	7	5	4	2